T0285321

Sri Nisargadatta Maharaj

Enseñanzas sobre la no-dualidad

Edición a cargo de Jayashri Gaitonde

Traducido del libro *Amrutvarsha*
por Vinayak Prabhu

Traducción del inglés al castellano
de Fernando Mora

editorial **K**airós

Título original: *Shower of Grace*
Meditations with Shri Nisargadatta Maharaj

Originally published by ZEN Publications,
una editorial de Maoli Media Private Limited

© de la traducción de Amrutvarsha del inglés:
2020 Vinayak Prabhu
All rights reserved
© Amrutvarsha: 2016 Jayashri Gaitonde
© de la edición en castellano:
2021 Editorial Kairós, S.A.
www.editorialkairos.com

© de la traducción del inglés al castellano: Fernando Mora
Revisión: Alicia Conde
Fotocomposición: Florence Carreté
Diseño cubierta: Katrien Van Steen
Impresión y encuadernación: Litogama. 08030 Barcelona

Primera edición: Octubre 2021
ISBN: 978-84-9988-911-5
Depósito legal: B 13.122-2021

Este libro ha sido impreso con papel certificado FSC, proviene de fuentes
respetuosas con la sociedad y el medio ambiente y cuenta con los
requisitos necesarios para ser considerado un «libro amigo de los bosques».

Para mi querido padre,
el difunto Sri Narayan K. Gaitonde...

Gracias a tu insistencia
anoté estas palabras del Sadguru
que ahora se han convertido en un libro.

Esta es mi ofrenda para ti.

Jayasri Gaitonde

Sumario

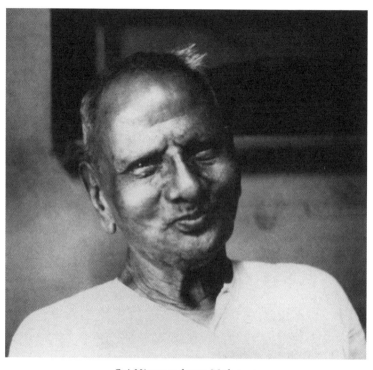

Sri Nisargadatta Maharaj

Nota de la autora

Durante más de dos décadas, Sri Nisargadatta Maharaj impartió charlas, todas las tardes, en su casa de Mumbai, si bien durante sus últimos tres años de vida se limitaron a los jueves y los domingos. Eran tan interesantes que me propuse no perderme ninguna. En aquella época, no había grabadora en el *ashram* y, por tanto, las charlas no quedaban recogidas. Por ese motivo, me propuse anotar de manera fidedigna, para mi propio uso, las palabras de Maharaj. Y, tras su fallecimiento, recopilé en un cuaderno todas las charlas que impartió. El hermano mayor de mi marido, el difunto Sri Narayan, leyó mis anotaciones y quedó profundamente impactado por ellas. Entonces me dio su bendición diciéndome: «Algún día estas notas se convertirán en un valioso libro que será muy bien recibido por todos los seguidores de Maharaj».

Durante esas charlas, impartidas en lengua maratí, no había extranjeros presentes, puesto que nadie las traducía. Solo asistían a las charlas los discípulos y los visitantes indios. Maharaj nunca se preocupó por el número de oyentes presentes y no cancelaba la enseñanza ni siquiera cuando solo asistía una persona, lo cual me recordaba al Señor Krishna narrando la *Bhagavad-gita* a un único oyente, Arjuna.

Escuchar las palabras que surgían de la boca de *Paramatman* es un fenómeno muy raro y tuve la suerte de hallarme entre la audiencia. Sin embargo, esas palabras son igualmente eficaces cuando se leen en formato de libro. No podemos negar la presencia de Maharaj incluso ahora, ya que nunca se identificó con su cuerpo y está presente en cada uno de nosotros como nuestro mismo ser. El beneficio que obtengamos al leer estas palabras dependerá de nuestra fe y concentración. Las palabras de Maharaj son tan poderosas que tienen la capacidad de transformar al lector. Dado que él está presente en nuestro interior, lo único que se interpone en nuestro camino hacia la realización es nuestra falta de interés.

En cierta ocasión le pregunté a Maharaj si podía realizar mi verdadera naturaleza en esta vida. En respuesta, él me planteó otra cuestión: ¿Estaba yo dispuesta incluso a morir en el intento? En la actualidad, cuando ya soy una mujer mayor, estoy preparada para morir, pero en el momento en que Maharaj me formuló la pregunta yo era joven y anhelaba vivir. No solo aspiraba a mantener intacta mi individualidad, sino que también deseaba el logro adicional de la realización. Tratar de obtener algo sin pagar a cambio el precio adecuado por ello es un hábito mundano muy habitual. Por aquel entonces no estaba preparada para entregar mi identidad corporal a Maharaj. De ahí que prefiriese permanecer en mi ignorancia sin efectuar sacrificio alguno. Siento ahora que mi acercamiento a Maharaj no fue una acción personal mía, sino que se debió más bien a su atracción magnética. El estado carente de deseo y temor en el que vivía Maharaj era muy tentador para mí, pero estaba más allá de mi capacidad de alcanzarlo.

El sabio Tukaram dijo en cierta ocasión que estaba deseoso de encontrarse con el Señor Vitthala, con independencia de que su cuerpo permaneciera o sucumbiera. Estaba dispuesto a pagar el precio... y consiguió lo que quería.

Maharaj era una persona muy sencilla, que nunca pretendió ser diferente de los demás. Siempre trataba de convencernos de que éramos como él y no como imaginábamos que éramos. Nuestra ignorancia era el resultado de sucumbir al conocimiento incorrecto y sus palabras trataban de remediar esa situación de manera que la Verdad resplandeciese. Solo hacía falta escuchar correctamente y no efectuar acción alguna por nuestra parte, es decir, ningún tipo de práctica o ritual. No albergaba demasiadas expectativas respecto a quienes le escuchaban, excepto verlos completamente libres de la ignorancia. Y les ofrecía, sin reserva alguna, todo lo que sabía. Maharaj solía decir que los «dueños de los supermercados espirituales» tratan de convertir este conocimiento simple y directo en un asunto complejo porque no pueden permitirse el lujo de perder a su público diciendo la Verdad. Las personas que acudían a Maharaj para inflacionar su ego se sentían frustradas al percibir el trato igualitario que dispensaba a todos los visitantes. No tengo necesidad alguna de demostrar de qué manera la enseñanza de Maharaj era diferente de la de otros *Gurus*, ya que este particular se torna evidente al leer cualquier libro suyo.

Durante una de las charlas, Maharaj se percató de que había algunos buscadores occidentales entre el público, pero no les pidió que se marchasen porque no hubiese nadie traduciendo la charla. Movido por su compasión, le dijo a mi marido que les tradujese lo que decía. Mohan estaba muy nervioso y expresó su incapacidad para hacerlo, ya que era novato en la materia y estaba aprendiendo a traducir. Sin embargo, Maharaj insistió en que tradujese la charla, frase por frase, para beneficio de los extranjeros. Maharaj decía una frase que Mohan traducía al inglés y solo entonces Maharaj pronunciaba la frase siguiente. Esto continuó hasta el final de la charla y los visitantes se mostraron muy contentos con el trato especial que se les dedicó. No podíamos imaginar en ese momento que el mismo proceso se repetiría años después del fallecimiento de Maharaj. Hace algunos años, el doctor Vanaja, discípulo cercano de Maharaj, pidió a Mohan que tradujese, del maratí al inglés, las enseñanzas grabadas de Maharaj. Mohan tradujo gustoso y fidedignamente cada una de las cincuenta y dos charlas seleccionadas con las palabras de Maharaj, seguida de la traducción al inglés con la voz de Mohan. Cuando escuchamos estos discursos, sentimos que se repite la misma escena: Maharaj habla y Mohan traduce cada frase. Lo que Maharaj había hecho en una ocasión para beneficio de los buscadores occidentales que asistían a su enseñanza se repetía ahora para el beneficio de Vanaja y de muchas otras personas.

En otra ocasión, Maharaj observó que había dos hombres sentados entre las discípulas. En la India, hombres y mujeres se sientan tradicionalmente en lugares separados durante el *satsang*. Maharaj dejó de hablar y pidió a aquellos buscadores occidentales que se levantaran y se sentaran con los varones. Como estaban sentados cerca de mí, me había percatado de su presencia. Pero resultó que en realidad eran chicas que se hacían pasar por hombres para evitar ser molestadas por los gamberros en las atestadas calles de Mumbai. Se habían maquillado tan hábilmente que nadie, incluido Maharaj, sospechaba que fuesen mujeres. Maharaj también se percató de que portaban un *mala*, un rosario de semillas de *rudraksha*, que llevaba colgada la fotografía de su *Guru*. Les dijo que no era respetuoso abandonar a su *Guru* para ir a buscar a otro maestro. Pero, cuando le señalaron que su *Guru* había permitido la visita, les aconsejó que no trajesen el *mala* a las charlas.

Solo después de conocer a Maharaj me di cuenta del propósito de mi existencia. Si no lo hubiese conocido, mi vida habría carecido de sentido y no hubiese sabido por qué era como era. No puedo explicarlo con palabras, al igual que un alcohólico no sabe expresar a un abstemio la fuerza y la libertad que siente cuando bebe. El discípulo de un sabio tiene la fortuna de recibir la más elevada bendición que un ser humano puede recibir de alguien que, de hecho, es similar a Dios. Conocer a Maharaj fue como conocer a Rama o a Krishna, quienes en el presente son adorados como dioses en los templos. Sin embargo, mientras vivieron en el plano terrenal también se enfrentaron, como el resto de nosotros, a los problemas relacionados con la vida cotidiana. El hecho de que estuvieran realizados no tenía demasiada importancia para la gente común. Fueron aceptados como grandes seres simplemente porque vencieron la negatividad.

La compañía de Maharaj transformó nuestra vida, confiriendo sentido a nuestra existencia. Ahora estoy convencida de que nací para sentarme a sus pies. Los cinco años que pasé en su compañía fueron muy dichosos y estuvieron colmados de bendiciones. Aunque yo tuve la fortuna de conocer a Maharaj, me conmueve profundamente la fe y la devoción de muchas personas que nunca lo conocieron personalmente, pero que se sienten transformadas con tan solo leer sus libros o escuchar la grabación de sus enseñanzas. Para mí, esto es una prueba de que Maharaj sigue siendo accesible para todos nosotros, aquí y ahora, como nuestro mismo ser. Estoy convencida de que estas enseñanzas tienen el potencial de transformar nuestra vida y de ayudarnos a alcanzar el estado más elevado al que le es dado acceder al ser humano.

Bertrand Russell comentó en cierta ocasión que el concepto de liberación en el hinduismo le parecía completamente inaceptable. Cuando le preguntaron la razón, respondió que ese estado sería un completo aburrimiento. Por desgracia, no había ningún *Guru* que orientase al señor Russell en este asunto. Sin embargo, nuestra propia experiencia con Maharaj arrojará algo de luz acerca de la condición del *jnani* o liberado.

Por lo general, visitábamos a Maharaj a las cinco de la tarde. Cierto día, el autobús nos llevó sin problemas hasta el *ashram* y llegamos treinta minutos antes. Encontramos a Maharaj sentado solo y con los ojos muy abiertos. Cuando tocamos sus pies, mencionó de manera espontánea que había sabido de su existencia solo después de ese toque. El *jnani* carece de «yo-soy-dad», la cual es la causa de todas las perturbaciones. Cuando nos hallamos en el vientre de nuestra madre y cuando somos bebés, no hay ninguna «yo-soy-dad» y, por lo tanto, tampoco ningún problema. En el sueño profundo también estamos en paz, ya que no tenemos conocimiento de nuestro propio ser. Nunca vimos que Maharaj se aburriese en ningún momento, porque para él no existía la sensación de ser. Maharaj nos señaló en cierta ocasión que cada uno de nosotros ha tenido la experiencia de ese estado en el que desconoce su propia existencia.

¿Qué éramos antes de ser concebidos? Éramos el Absoluto, la existencia eterna. ¿Nos aburríamos entonces? En modo alguno, ya que nuestro aburrimiento solo empezó después de que, en torno a los cinco años de edad, adviniese la «yo-soy-dad». La enseñanza de Maharaj solo aspira a liberarnos de esta falsa «yo-soy-dad». Nuestra verdadera naturaleza es la totalidad, la unidad o el todo-uno. En ese estado no hay «otros» ni «tú». Y, si no hay «tú», ¿dónde ubicar la dimensión de «mi» existencia? Las palabras de Maharaj tienen el poder de purificar nuestra consciencia y de borrar cualquier tipo de falsedad y de sufrimiento. Él reside dentro de nosotros para guiarnos. Cantemos, pues, «Jai Guru» y beneficiémonos de su «lluvia de bendiciones».

JAYASHRI MOHAN GAITONDE
Lonavala

1

El apego a la existencia desaparece con la autorrealización

Desde la forma de vida más inferior, como el gusano, por ejemplo, hasta la más elevada, como el ser humano, todos disfrutamos de la sensación del fenómeno de vivir, pero lo hacemos en la creencia de que el cuerpo es nuestra auténtica naturaleza. La mente, el intelecto, el ego y la consciencia del yo que emergen en nosotros, son aspectos de la fuerza vital (*prana*). Sin embargo, el conocedor del *prana* carece verdaderamente de nombre y es indescriptible.

Aquel que cree firmemente en las enseñanzas de un maestro realizado y conoce la Verdad por experiencia directa se halla en el camino correcto hacia la liberación. Y ese es siempre el Sí mismo atemporal. Al igual que no necesitamos que nos recuerden que somos una mujer o un hombre determinados, tampoco deberíamos necesitar que nos recordasen cuál es el principio inmutable que es testigo de todos los fenómenos, incluida nuestra individualidad. Tenemos que llegar a vivir con la comprensión profundamente arraigada de nuestra propia naturaleza en todos los aspectos de la vida.

El mantra («Yo soy Eso») que cantamos ensalza la unidad con el *prana*. El conocimiento primordial es el conocimiento puro de la existencia, la sensación de que «yo existo». Cuando este conocimiento se apodera del nombre y la forma, hereda también el nacimiento y la muerte. Pero el genuino aspirante, el sincero buscador de este conocimiento, no está limitado por nombres y formas, ya que se halla establecido en la consciencia pura, la cual es anterior a la mente. Lo que es anterior a la cognitividad [*knowingness*] se denomina *nirguna*: el Uno libre de atributos.

La experiencia de que existo en el cuerpo no pertenece al cuerpo ni a la mente, sino a la consciencia pura, también denominada Dios o Vasudev. La fragancia de este conocimiento se debe a *Paramatman*: el Sí mismo supremo. Desde el punto de vista de lo absoluto, la experiencia del mundo exterior es solo un sueño despierto, mientras que la cognitividad es la fuente de los estados que reciben el nombre de vigilia y sueño. Donde no hay sueño, tampoco existe el mundo exterior. Y, donde tiene lugar la experiencia del «yo soy», el mundo está destinado a aparecer. Una vez que se revela la verdadera naturaleza al individuo, este deja de ser un *sadhaka*, un buscador que necesita indagar para unirse con el Sí mismo. La experiencia de ser, del «yo soy», está limitada en el tiempo, puesto que necesita de este cuerpo perecedero, que no es más que el producto de los cinco elementos requeridos para su sustento. Pero el conocedor de esta verdad trasciende el tiempo. La comprensión constante de que nuestra consciencia es *Ishwara* constituye la genuina adoración a Dios y la única *sadhana* efectiva. Nuestro amor a la existencia se debe a la ignorancia, la cual concluye a la postre con el conocimiento del Sí mismo.

2
La atención a la consciencia es meditación

Cuando, durante el nacimiento, la existencia pura llega a conocer su ser, le siguen de inmediato el nombre y la forma y aparece la individualidad o la sensación del «yo». Pero aquel a quien le ocurre esta sensación del «yo» no es el cuerpo ni los sentidos ni la mente ni el *prana*, sino su conocedor. La mente es el efecto, mientras que la fuerza vital es la causa. Es el poder del *prana* el que lo hace todo. El *prana* existe junto con el *sattva*, la quintaesencia del alimento, mientras que el *Atman* es el testigo de este juego. La consciencia del cuerpo emerge con la aparición de la individualidad. Con ello, olvidamos el conocimiento de nuestra verdadera naturaleza. Y eso es la ignorancia primordial, *avidya*, *maya*, la cual da lugar a la ilusión.

La sustancia gracias a la cual emergen las diferentes formas de vida en este planeta es también su alimento. Nuestro alimento no es distinto de aquello de lo que está hecho nuestro cuerpo. La cognitividad o la experiencia de ser conlleva la identificación con el cuerpo. En ese caso, hablar de nacimiento, muerte, cielo e infierno solo tiene sentido para el que está encarnado. Con el paso del tiempo, esta comprensión se va fortaleciendo y arraigando de manera firme.

El juego de las tres *gunas* o cualidades –*sattva*, *rajas* y *tamas*– comienza debido a *sattva*. Estos son los tres atributos o tendencias de la manifestación que gobiernan la vida. *Sattva* o *sattvaguna* promueve el altruismo y la bondad en la persona. *Rajas* o *rajoguna* impulsa la actividad, como estar ocupado en una determinada tarea. Por su parte, *tamoguna* provoca el sentido de que uno es el hacedor, es decir, el sentimiento de que yo soy el que efectúa las acciones.

Por su parte, *Dhyana* o meditación significa estar en armonía con la consciencia o mantener la atención en el Sí mismo. *Jnana* implica que conocemos nuestra auténtica naturaleza y nos mantenemos en el Sí mismo. Supone que conocemos la fuente de la consciencia. *Paramatman* no es consciente de sí mismo y necesita del alimento-cuerpo-mente para conocer su propia existencia. Dado que el Sí mismo solo es un testigo, el responsable de la actividad es el *prana*. Amamos existir, y este amor hacia uno mismo requiere alimento para mantenerse. Por lo tanto, *sattva* o la quintaesencia del alimento es imprescindible para la manifestación de lo no manifestado.

El conocimiento de que existo se denomina *ahambhava*. Pero *ahamkara* nos lleva a suponer que el complejo cuerpo-mente es el verdadero Sí mismo. Debido al resultado de esta asociación con el cuerpo, el Sí mismo olvida su auténtica naturaleza y se aferra al cuerpo. En cambio, cuando no somos conscientes de nuestra existencia, el Sí mismo es el gozoso conocedor de su ser.

[Una tarde visitamos a Maharaj. Estaba sentado en estado de trance y no se percató de nuestra llegada durante algún tiempo.

Cuando finalmente advirtió nuestra presencia, mencionó que no era consciente ni siquiera de su propia existencia. Una vez que supo de nuestra existencia, se dio cuenta de la suya propia: JayaSri Gaitonde.]

Lo que sucedió es que *Paramatman* adquirió consciencia de la presencia de su propio ser. El Señor del Universo olvida su verdadera naturaleza y ahora se adhiere a la sensación de individualidad. Aquello que es el gozo mismo, o *ananda swarupa*, sencillamente cobra consciencia del gozo. Pero ser consciente del propio ser acarrea sus problemas, puesto que trae consigo el olvido de nuestra verdadera naturaleza debido al apego al cuerpo, el cual no está compuesto más que de alimento. Es como si uno se considerase a sí mismo como un montón de comida. Al perder la consciencia de nuestra genuina naturaleza, los inevitables placeres y dolores asociados con este cuerpo mortal se convierten en nuestro único activo, con lo que el sufrimiento se torna inevitable.

Esta es la razón por la que, en el estado de vigilia, la tendencia de la mente es buscar la felicidad en la dimensión exterior. Su mirada se dirige únicamente al cuerpo formado por el alimento y, en consecuencia, percibe el mundo exterior a través de los sentidos. Solo cuando el cuerpo-alimento desaparece del conocimiento, como ocurre durante el sueño profundo, la consciencia individual se transforma en la Consciencia universal o *Paramatma swarupa*, con lo que la luz de la entera manifestación converge en un único punto, en la misma fuente de la existencia.

La mente está confinada en el cuerpo, pero el *Atman* reside más allá de su dominio. Cuando nos olvidamos del cuerpo, solo resta el *Atman*. Parece como si el *Atman* se obtuviese a expensas del cuerpo. Nuestra existencia humana es temporal porque, de hecho, no somos sino el eterno *Paramatman*.

3

A la consciencia le complace
la continuidad de su propia existencia

El libro [que sostengo en mi mano] es el *Dasbodh*, un texto destinado al auténtico discípulo, quien se ha entregado por completo al *Guru* y tiene plena fe en sus palabras. El discípulo no está separado del *Guru*, sino que forma parte de su naturaleza infinita.

Ver a Dios supone darse cuenta de nuestra naturaleza verdadera y eterna. La genuina devoción al *Guru* consiste en conocer, gracias al maestro, nuestra autentica naturaleza. Quien escucha las palabras del maestro y corrobora su verdad por experiencia directa es un digno y auténtico discípulo. La charla de hoy va dirigida a estos discípulos dignos. La sensación de que «yo existo», que ocurre de manera espontánea dentro de cada uno de nosotros, se halla velada por el cuerpo y de esa manera se convierte en el ego. Sin embargo, el *Sadguru* asume la tarea de despertar al discípulo de este sueño.

Los padres le dieron este cuerpo a su hijo, pero el *Guru* le proporcionará ahora la liberación o la realización de que es *Brahman*. Una madre le dice a su hijo: «Eres un niño o una niña que te llamas de esta o de aquella manera». Al asignarle un nombre al niño, los padres simplemente lo convierten en dueño de unas cuantas letras del alfabeto. La mente se identifica de inmediato con esas letras, apropiándose de esa etiqueta. Pero se trata de un conocimiento que ya estaba latente en el vientre materno y que emerge a los pocos años del nacimiento.

La semilla de *jnana* solo se siembra en el corazón del buscador cuando el *Guru* proporciona el mantra –«Tú eres Eso»–, con lo que desaparece el arraigado concepto de que «he nacido y moriré algún día». Aun estando en el cuerpo, el buscador que se atiene a este mantra se percata del hecho de que él es el principio no nacido e inmutable y de que, sencillamente, debido a la ignorancia aparece como el complejo cuerpo-mente. Sin embargo, la gracia todopoderosa del maestro permite que la ignorancia de la mente sea rechazada y reemplazada por *jnana*. Este *jnana* o conocimiento puro es la luz que ilumina el resto de los conocimientos. Pero si bien este conocimiento resplandece, da lugar a todo cuanto es e ilumina la mente, resulta incomprensible para ella.

Al igual que la lengua, siendo ella misma insípida, nos permite juzgar correctamente los diferentes sabores, la consciencia pura no es tocada por los conceptos, aunque nos permite concebirlo todo.

Raro es aquel que, dotado de plena fe y entrega a las palabras del *Guru*, percibe que esta Verdad es su propio Sí mismo y se hace uno con *Parabrahman*. Este es el resultado de la correcta comprensión de las enseñanzas del *Guru*. La verdadera devoción consiste en tener plena fe en sus palabras.

4

El perceptor de todo es, en sí mismo, imperceptible

El conocimiento del ser, que es el conocimiento supremo, carece de forma, siendo experimentado por todos en cada momento. Gracias a la plena devoción, hacemos que nuestra experiencia se libere en todos los aspectos y alcanzamos la iluminación. *Paramatman* es aquello que nos permite saber que «nosotros somos» y también que «el mundo es». Dotados de este conocimiento, permitimos que haya una consciencia constante de nuestra verdadera naturaleza, la cual no es tocada por el cuerpo y la mente y que nos libera de las ataduras del karma. La clave de la autorrealización son las palabras del *Guru*, las únicas que merece la pena recordar.

Durante toda su vida ha creído que era el nombre que le asignaron sus padres y lo convirtió en su «firma» sin darse cuenta de que ese nombre, al ser un adjunto limitante, trae consigo la inevitabilidad de la muerte. En cambio, el nombre que nos proporciona el *Guru*, y que nos dice que somos el *Brahman* inmortal, es liberador. No hay ninguna otra enseñanza necesaria para el que acepta las instrucciones del maestro y conoce su realidad por propia experiencia directa: *swanubhava*. Esa persona conoce la verdad interior no como una nueva revelación, sino como la consciencia siempre existente, espontánea y sin merma, que se ha visto ensombrecida por la ignorancia y que, en consecuencia, ha sido obviada hasta este momento.

Atman no solo es un puñado de letras, sino que es el conocedor que carece de cuerpo en tanto que consciencia. El conocimiento suministrado por el *Guru* ensalza todas las virtudes del buscador. Solo aquel que canta el mantra del *Guru* con total devoción comprende la forma en que *Brahman* se manifiesta y se conduce de maneras diversas, al tiempo que permanece inalterado e intacto. La mente es incapaz de comprender el Sí mismo, pero es el Sí mismo carente de forma el que ilumina la mente. Aquello que objetiva la mente es incorpóreo. Los ojos que ven nunca pueden percibir al Sí mismo, sino que es el acto de ver en sí el que es iluminado por él. Todo cuanto vemos tan solo es contemplado por el Sí mismo.

El cristal situado cerca de un objeto de color parece tener el mismo color que el objeto. Sin embargo, sabemos que el cristal es incoloro y no se ve afectado por el color reflejado. De la misma manera, el *Atman* brilla debido al *sattva* y no se ve afectado por las cualidades del *sattva*. El Sí mismo de la persona no está atado o empañado por ningún rasgo que se manifieste en el ser. Por consiguiente, uno puede vivir de manera vigorosa en el cuerpo mientras no olvide que su verdadera naturaleza no es tocada ni siquiera por su propio cuerpo. Puede utilizar su cuerpo al máximo sin estar identificado o apegado a él.

5

La atención
se transforma en desatención

El *prana*, que es el sostén de nuestra vida, se expresa a través de la mente. El lenguaje del *prana* es la mente. Incluso antes de que surgiese el conocimiento, nació este cuerpo para sustentar el *prana*. Hasta que este cuerpo no existe, no hay posibilidad alguna de experimentar los pensamientos o las perturbaciones de la mente. En un principio, aparece *sattva*, seguido por la consciencia, la sensación de ser y el conocimiento del tiempo.

El término *Brahman* es una combinación de *bra* (palabra) y *hami* (sensación de ser). La palabra o el sentimiento de la propia presencia se inicia con la sensación de ser, la cual no es sino la cualidad del *sattva* o la esencia del alimento, que da lugar al *Brahman* manifestado. El tiempo y el resto de las cualidades aparecen al unísono con nuestra sensación de existir.

Cuando el *prana* abandona el cuerpo, se desvanece la sensación de ser, y con ello la consciencia se torna incondicional y libre de atributos. Puesto que la consciencia personal o la sensación de que «yo existo» es el producto del complejo cuerpo-mente, este conocimiento también termina con la desaparición del complejo cuerpo-mente. El *Atman* o el Sí mismo, que emergió como el complejo cuerpo-mente, permanece ahora sin forma, absorto en su verdadera naturaleza, que es la dicha en sí. Todas las funciones y actividades del cuerpo se deben al *prana*, con la ayuda de la mente cuando resulta necesario.

El *Atman* parece manifestarse con diferentes formas. Pero cuando uno alcanza *jnana*, se establece en el estado gozoso del Sí mismo, donde ya no se experimenta la multiplicidad. La consciencia no dual de ser, que es experimentada por la persona iluminada, es gozosa. *Paramatman* o *Parabrahman* es la verdadera naturaleza del *jnani*.

Tras escuchar estas palabras, la atención debe volverse de manera permanente hacia sí misma. Entonces, la enseñanza impregnará poco a poco la totalidad del ser hasta que termine revelando nuestra verdadera naturaleza. Incluso aquel que simplemente dirige su atención hacia el interior desaparece, desvaneciéndose la entidad del que presta atención o del buscador de la verdad, con lo que solo queda la consciencia pura.

El *prana* opera en el cuerpo por medio de la mente, siendo los lenguajes del *prana* los llamados *para*, *pashyanti*, *madhyama* y *vaikhari*.* Nuestra sensación de ser y el conocimiento del mundo siempre coexisten.

Recuerden siempre que, aun en el caso del objeto más magnífico, el que lo ve existe antes que dicho objeto. Uno tiene que

---

*   Los cuatro tipos de palabra son *para*, *pashyanti*, *madhyama* y *vaikhri*, que son las fases sucesivas por las que pasa el sonido antes de que se torne audible. (*N. del T.*)

aferrarse a este conocimiento que está escuchando porque solo así conseguirá que impregne todo su ser, y esa es nuestra verdadera naturaleza, la que en última instancia permanece después de que la atención se funda en la auténtica naturaleza de la atención. Entonces lo que resta es el *Atman*, del cual la consciencia tan solo es la expresión.

6
¿Qué es *jnana*?

El *Srimad Bhagavat* otorga gran importancia a la devoción al *Sadguru*. En idioma maratí, el término *Shiv* tiene dos sentidos. Significa «Señor Shiva», pero también quiere decir «tocar». No hay nadie que no haya sido tocado por la experiencia de la existencia. Aunque podamos no ser conscientes de ella, cada uno de nosotros conoce su propia existencia. Este es el conocimiento del «yo existo». Usted debe redirigir su atención hacia esta experiencia simple y siempre existente y ver que la mente pierde su tendencia natural a moverse hacia el exterior.

En maratí, la palabra *naman* significa «saludo», aunque también implica no mente (*na-man*). Así pues, salutaciones a Eso que se halla presente antes de que emerja la mente, a aquello que también está presente mientras la mente se desarrolla y sigue estando presente después de que la mente desaparece. Esto es *naman*, la única salutación capaz de destruir la individualidad que nos ata al complejo cuerpo-mente, causando el sufrimiento del *samsara*. Entonces solo hay ser puro sin la sensación de estar separado de la totalidad.

El verdadero *Sadguru*, el *Guru* que debe ser adorado, es aquel que es testigo de la experiencia de la existencia. La genuina adoración consiste en conocer al testigo o conocedor de la consciencia. Pero dicho testigo no se halla limitado a un individuo, sino que es común a todos los seres humanos. El *Sadguru* que nos guía por el camino que nos lleva a conocer al conocedor reside eternamente en nuestro interior. Es él quien nos protege de los obstáculos que podamos afrontar en el sendero. Dios está en todas partes. Él reside en nuestro interior como consciencia.

Jnana es como el espacio infinito, el cual incluye todas las manifestaciones del universo, incluida nuestra consciencia personal. Pero *Jnana* y el universo coexisten. Uno no puede existir sin el otro. Por ejemplo, en el sueño profundo, no hay *jnana* o el conocimiento de que «yo existo», como tampoco hay universo. Es la consciencia del *jnani* la que sigue actuando en el mundo.

El que tiene fe en el *Sadguru* trasciende el miedo a la muerte, el cual se debe a la propia muerte. Pero, con *jnana*, se desvanecen los conceptos como nacimiento y muerte. El recuerdo constante de la enseñanza del *Sadguru* es el verdadero *gurubhakti*: devoción al Guru. La ilusión carente de principio simplemente abandona a la persona que sigue con fidelidad las instrucciones del *Sadguru*. Incluso el mundo adora y sirve a la persona que está dedicada por completo al *Sadguru*.

¿Cómo podemos encontrar a un verdadero discípulo? El auténtico discípulo sigue a su *Sadguru* en todos los sentidos y no tiene existencia sin él. Considera que su consciencia no es más que los pies de su *Guru*. El *prana* del *Guru* sostiene la vida de ese discípulo. Sus palabras son consideradas como *Vedas* y *shrutis* por el discípulo, y este no habla de ninguna otra cosa. Para esta persona, la existencia misma del *Guru* es gozosa, y las palabras pronunciadas por él rebosan de sabiduría.

Se deben contemplar continuamente las palabras del *Sadguru* hasta unificarse con ellas. El discípulo pierde su existencia separada y solo permanece el *Guru*. Entonces *maya*, la ilusión cósmica que causa el sufrimiento, sirve al genuino discípulo del *Sadguru*.

Existen dos palabras en lengua maratí relacionadas entre sí: *swapan* y *swapna*. *Swapan* significa la sensación de ser, la experiencia de que «existo». *Swapna*, por su parte, quiere decir sueño. Toda la manifestación es *swapna*; es decir, un sueño originado en nuestra propia existencia.

El *Sadguru* siempre es gozoso. Y, cuando habla, sus palabras conducen al autoconocimiento. Medite en estas palabras y se unificará con ellas. Nuestro ser, que es el que da a luz a este mundo, no es sino un sueño.

7

El auténtico conocedor
es *Paramatman*

Debido a la poderosa identificación con el cuerpo, la persona no realiza el Sí mismo. Por eso, a menos que se abandone la noción de «yo soy el cuerpo», no surgirá la sabiduría. El único capaz de realizar el *Atman* es aquel que abandona el apego al cuerpo, puesto que la ausencia de pasiones mundanas conduce al autoconocimiento. Esa persona no puede diferenciar entre su Sí mismo y Dios. Es anterior al fenómeno del tiempo y, por eso, no necesita ajustarse a la escala temporal del mundo.

Al igual que el final de un sueño no supone la extinción del que presencia el sueño, cuando el *prana* abandona el cuerpo y se desvanece el mundo, el que presencia este fenómeno no se ve afectado por él. El *prana* abandona el cuerpo durante la muerte y, en ese instante, desaparece el mundo. Sin embargo, el testigo de estos fenómenos no se ve alterado por ellos. Aunque la desaparición del cuerpo y del *prana* significa que se transforma en algo universal, el conocedor de esto permanece inmutable.

8

No hay nada más santo
e inmaculado que la consciencia

La mente asume el control de la vida porque enfatizamos nuestro cuerpo y creemos que nos pertenecen los pensamientos que ocurren de forma espontánea en la mente. Sin embargo, el que se establece en el Sí mismo y, por lo tanto, está libre de la identidad corporal, ya no necesita el apoyo de la mente. Aquel que se desconecta de la sensación de individualidad y realiza su naturaleza manifiesta se libera de la prisión de la mente. Para él, termina la idea de que «yo soy fulano», dejando paso a la naturaleza no manifiesta. ¿Cómo podría la mente afectar a alguien dotado de esas características?

La luz de la consciencia en el cuerpo que ilumina al ser también ilumina la totalidad del universo, incluyendo el sol, la luna y el espacio. Este conocimiento del ser es inmaculado y más santo que cualquier otra cosa en el universo.

Cuando el *prana* abandona el cuerpo, el *jnani* no se va y no se dirige a ninguna parte. El conocedor de la consciencia se torna incondicional y se libera de todos los atributos. Es comparable al silencio del instrumento musical cuando el músico aparta sus manos de él. El sonido se desvanece, sumergiéndose en el espacio.

9
La consciencia
es nuestra riqueza

Llevar a cabo actos piadosos no hace que esté calificado para el *jnana*; este debe ser alcanzado por la asociación con los *jnanis*. Sabio es aquel que está siempre establecido en el verdadero y eterno Sí mismo. Solo la compañía de semejante sabio otorga el conocimiento que le liberará de la implicación en las acciones. El sabio declara que él es el Sí mismo. Usted debe escucharlo atentamente con fe y convicción. De hecho, él le está describiendo a usted mismo. Solo entonces se dará cuenta de que él es su propio y verdadero Sí mismo. Solo entonces conocerá la verdadera naturaleza de su *Sadguru*. Cuando se reconoce lo falso, este se abandona en ese instante. El conocedor de esto alcanza la calma y entonces se revela el Sí mismo, que está siempre presente. Incluso antes de la autorrealización, la compañía del sabio o conocedor de la Verdad aporta el conocimiento de la propia presencia eterna.

El que vive constantemente en el miedo a la muerte no ha realizado su auténtica naturaleza. Pero una vez que se revela la verdad de dicha naturaleza –es decir, el hecho de que uno es esencialmente eterno, no nacido e imperecedero–, es conducido de manera decidida a su hogar. Además, el conocimiento de que uno es eterno hace que la Verdad sea absolutamente clara para el discípulo. Cuando hay sensación de ser, también hay un flujo natural de pensamientos y sentimientos y la persona se comporta en consecuencia.

Esa persona, que sigue el camino de *nivritti* o desapego de la cognitividad, sabe que ya es eternamente libre, y que la liberación no es necesaria para él.

Con el conocimiento de esta Verdad, se torna clara nuestra naturaleza eterna. Y viceversa, porque el que conoce su naturaleza eterna, también se da cuenta claramente de la verdad.

10

No existen el «yo» ni el «otro»

Al empaparse de las enseñanzas del *Sadguru* y absorberse en el Señor Janardana, uno se percata de que los conceptos de nacimiento y muerte son un mito. También se da cuenta de la falsedad de la sensación del «yo». Cuando se disipan los conceptos relativos a nacimiento y muerte, lo que queda es el Principio No Nacido. El *Sadguru* o *Parabrahman* es aquello que no puede ser borrado tras negar lo que es falso. Esa es nuestra auténtica naturaleza inmutable. Cuando sucede eso, la consciencia personal se unifica con la consciencia cósmica.

La gracia del *Sadguru*, que es el conocimiento de *swarupa* o nuestra verdadera naturaleza, es proporcional a la fe que depositamos en sus palabras. A medida que se incrementa la fe en las enseñanzas del *Sadguru*, se revela con mayor fuerza el conocimiento de nuestra auténtica naturaleza. Cuando se identifica la fuente de la consciencia y se reconoce como nuestra verdadera naturaleza, llega a su fin nuestro cuerpo astral. El complejo cuerpo-mente de esa persona puede seguir existiendo, pero se identifica con Dios. Para esa persona, deja de haber sensación de ser. Este es el llamado estado de *Parabrahman* o *kaivalya*; es decir, la Unidad Absoluta. Cuando solo hay consciencia pura, la mente no divaga hacia el exterior y no hay nada más que el Sí

mismo, ¿quién presta atención a quién? En ese estado de consciencia no dual, no hay ni yo ni otro. Por consiguiente, para ese
jnani, el cual recibe el nombre de *nishkama Parabrahman*, ya no
hay deseos, necesidades u obligaciones.

Antes de que concluya el tiempo que tiene asignado en esta
vida, usted despierta de la ilusión de que se halla limitado por
el tiempo; la verdadera dicha consiste en conocer que no está
condicionado por él. Todo lo que usted es capaz de entender
con la mente está limitado por el tiempo y, en consecuencia,
es perecedero. Pero aquello que mora en usted y es testigo del
tiempo es *nitya*: lo imperecedero. La verdadera dicha consiste
en conocer la naturaleza atemporal de nuestro ser. Ese Principio
inmutable –que existe antes de que aparezca el universo y que
seguirá existiendo después de que desaparezca– constituye su
verdadera naturaleza. Esto es algo que debe ser reconocido por
propia experiencia directa.

11

El conocimiento del ser es Dios y debemos rendirle adoración

Los *jnanis* perciben la diferencia entre *nitya* (eterno) y *anitya* (transitorio, perecedero). Aceptar lo eterno les aporta serenidad. Utilizando el poder del discernimiento, son capaces de deshacerse de los conceptos y de alcanzar, a partir del *sattva*, el conocimiento de los cuerpos burdo, sutil y causal. No es sino la quintaesencia del alimento la que constituye el cuerpo burdo.

La persona iluminada sabe que el cuerpo no es más que el producto de la materia alimenticia que consume, y esto le permite ser consciente de su propio ser. Sabe que los aspectos burdos y sutiles, que se refieren a la identificación con el cuerpo y la mente de nuestro ser, son de hecho producto de la ignorancia. Sabe que las propiedades físicas del tiempo y el espacio no se aplican a su auténtica naturaleza y, de ese modo, se convierte en conocedor del tiempo y el espacio.

El alimento que nutre a este cuerpo también nos permite conocer nuestra existencia. Pero todo lo que se puede estudiar y conocer es transitorio y termina desapareciendo. Eso que carece de forma y manifiesta todas las operaciones que tienen lugar en el mundo no se halla implicado en el hacer o el no hacer. Así como el espacio es impasible, el Sí mismo también permanece inmutable y no se deja arrastrar por los acontecimientos, las acciones y los cambios.

Brahman, lo que siempre está pleno, no posee límites, como tampoco es ni se convierte en nada. Pero, cuando se manifiesta como *saguna brahman*, o dotado de atributos, está limitado por el tiempo. La forma y el contenido de un embrión son claros para el *Guru*. En cambio, nosotros solo podemos ver las cosas una vez que han ocurrido. El *jnani* observa a quien ha nacido, y le resulta obvio que no es *su* nacimiento.

Aunque el conocedor de *Brahman* habita en la consciencia, no se ve afectado por las vicisitudes de la vida. El *prana*, la fuerza vital, fluye desde la cognitividad. Los pensamientos surgen a partir del *prana* y ligan a la persona al concepto de esclavitud. La genuina liberación consiste en liberarse de los falsos conceptos acerca de uno mismo. El *jnani* está más allá de las descripciones. Uno debe adorar su consciencia como si esta fuese Dios. Esto la complacerá.

12

Los pies del *Guru* son nuestra consciencia

En realidad, incluso en este momento, el buscador de la Verdad no existe como el complejo cuerpo-mente. Sin embargo, a la luz de su consciencia, aparecen las tres cualidades de *sattva*, *rajas* y *tamas*. Los pies del *Guru* son la consciencia del buscador. Estos pies se hallan aquí y ahora con nosotros. Y ellos son los responsables de traernos hasta este punto. Es la gracia del *Sadguru* la que revela la consciencia universal. ¿Cómo puede el aspirante, que asume que es el cuerpo y que espera alcanzar el Sí mismo, disfrutar del néctar derivado del contacto con los pies del *Guru*?

Su trabajo solo puede ser llevado a cabo por la gracia del *Guru*. Por la gracia del *Guru*, usted comprende que el que nace ahora es en realidad el Sí mismo, el cual está libre de nacimiento y muerte. Este néctar es el responsable del nacimiento del cuerpo. La naturaleza del *Guru* es consciencia pura.

Cuando el discípulo acepta que esta consciencia pura es su propia naturaleza, eso equivale a su nacimiento como Dios. Y, cuando esto es seguido por la autorrealización, el discípulo se convierte él mismo en *Guru*. Sin embargo, esa iluminación no es posible en ausencia del *Guru*. Uno debe amar la consciencia y albergar devoción completa hacia ella. Por lo menos, antes de ir a dormir, debemos recordar los pies de nuestro *Sadguru* y evocar sus enseñanzas hasta que se conviertan en nuestra propia realización. La recompensa del *Gurubhakti* o la fe y la devoción hacia el *Guru* es la verdadera liberación. Significa ser uno con el Eterno, la Verdad, el Absoluto.

13
Ram Navami

Aunque el propio Dios o *Paramatman* encarnó con la forma del señor Sri Ram, este no fue consciente de ello hasta que su *Guru*, el sabio Vasishta, le instruyó en el conocimiento del Sí mismo. Vasishta se limitó a recordar a Ram el hecho de la divinidad inherente que había olvidado. En la ilusión, hay palabras y más palabras, nombres y más nombres. Pero una vez que cae la ilusión, todo permanece en silencio. Cuando conocemos la verdadera naturaleza de Sri Ram, todas las descripciones del señor Ram que hemos escuchado se quedan en nada. Esto se debe a que ninguna palabra puede alcanzar o describir la realidad de Ram. Todo lo que cabe decir acerca de la verdadera naturaleza de Ram es que es consciencia pura que desafía todas las descripciones.

Muchas veces decimos que deberíamos ver al señor Ram antes de morir, y convertimos este deseo en la meta de nuestra vida. Pero esto, de hecho, es una noción errónea, una maldición. No estamos separados de Ram, ya que nuestra consciencia misma es «Ram». Aquel que conoce que el Señor Ram es su auténtica naturaleza entiende verdaderamente el significado de Ram Navami: el nacimiento de Ram. Solo una persona así está libre del miedo a la muerte. Aunque esa persona vive una vida normal llevando a cabo todos sus deberes, mientras lo hace, permanece firmemente establecida en la comprensión de que no es tocada por ninguna de esas acciones. Cuando le sobrevenga la muerte a esa persona, no será una experiencia terrible, sino agradable.

El Ram que visitó a Vasishta era una persona ignorante normal hasta que llegó a conocer su verdadera naturaleza. El señor Ram, que es conocido como nuestra propia naturaleza, es *Paramatman Parabrahman*. Maruti o Hanuman, el hijo de Vayu, no tiene forma. Él es el *prana* carente de forma que habita en todo y dirige las formas vivientes en esta tierra. Rama es el Sí mismo residente en todas las formas vivientes. El recuerdo constante de este hecho es la verdadera recitación del nombre de Ram. *Viveka*, o discriminación entre lo real y lo irreal, hace que uno sea similar a Ram. La mente funciona gracias a la respiración, y a esto le siguen el resto de las actividades.

Según nuestra experiencia, las preocupaciones no nos abandonan fácilmente. ¿Por qué, en lugar de eso, no hacer que sea el anhelo de los pies del *Sadguru* el que no nos abandone? Debemos conocer que la consciencia pura e inmutable de la existencia es nuestra verdadera naturaleza. La experiencia de la inmortalidad que dimana de ello debería convertirse en nuestra consciencia más íntima e inmutable. El cuerpo es sostenido por el *prana*, el cual es iluminado por el Sí mismo. Ahora debe usted decidir si es el cuerpo, el *prana* o el Sí mismo. Permanezca en esta contemplación y sea libre. Pregúntese: «¿Acaso no soy Ram?». Y, así, experimente la inmortalidad.

El *Guru* es anterior a las palabras. El *prana* es el responsable de la palabra. Tiene que indagar en lo que usted es y meditar en ello.

14
Mientras viva, busque la verdad

El agua es el fundamento de la vida en la tierra. Pero, de hecho, la base de la vida es la cognitividad o la experiencia de cobrar consciencia de nuestra propia existencia. Este es el toque del Señor Shiva o Dios. Esta cognitividad de la propia existencia florece en el conocimiento de la manifestación o en el conocimiento del mundo exterior. Esta cognitividad es la ignorancia causada por la identificación con el cuerpo. Aquel que es capaz de discriminar entre su consciencia y el complejo cuerpo-mente es un *sadhaka*, un verdadero buscador de la liberación. Cuando este buscador conoce que el Sí mismo es su verdadera naturaleza, se convierte en *siddha*, en un ser iluminado. Aunque el genuino oyente en nosotros no es el cuerpo, el cuerpo es imprescindible para efectuar las diferentes actividades. La leyenda sostiene que el Señor Brahma, el creador del universo, nació del ombligo de *Paramatman*. El ombligo, o el centro del abdomen, simboliza la intrepidez y tiene forma de loto. Cuando las palabras y el conocimiento emergen de la pura consciencia, es eso lo que se denomina *brahma*. La historia del Señor Brahma surgiendo desde el ombligo de loto de *Paramatman* no es sino el símbolo de que toda la creación emerge desde la pura consciencia, que no es otra cosa que nuestra auténtica naturaleza. De hecho, *Paramatman* carece de forma. Pero, para explicarlo simbólicamente e ilustrar ideas complicadas, recurrimos a relatos.

El loto que brota del ombligo de *Paramatman* se refiere a nuestra consciencia. De este loto aparece, al igual que el polen, el *prana* o la vitalidad. El flujo de palabras que dimana del *prana* se denomina mente. Del ombligo surge la manifestación, la cual no es otra cosa que la consciencia. Hay diferencias en la manifestación, pero no en lo no manifestado, ya que lo no manifestado no tiene cualidad alguna. Nuestra consciencia es la cualidad de *sattva* o la esencia del alimento consumido. Cuando la consciencia se libera de todas las cualidades, su alcance está más allá de cualquier límite.

Solo hay dualidad en la manifestación, pero no en lo no manifestado, ya que lo no manifestado no posee divisiones ni atributos.

El conocimiento de la existencia es un atributo positivo en el estado de vigilia. Aunque este aspecto del conocimiento se desvanece una vez que el *prana* abandona el cuerpo, la existencia no dual del Sí mismo prosigue igual que antes. Cuando se apaga el fuego, el calor desaparece del objeto, pero el fuego no muere ni se va a ninguna parte, sino que únicamente pierde sus cualidades. Solo cuando hay un cuerpo, uno puede buscar la Verdad hasta darse cuenta de que, aunque viva en el cuerpo, no es el cuerpo. Es necesario mirar hacia adentro, despertar a esta iluminación durante la vida y darse cuenta de nuestra verdadera naturaleza como *nirguna* o aquello que carece de atributos.

15

El *dhyana* yoga
conduce al *jnana* yoga

El aroma no nace ni muere. Somos conscientes de nuestra existencia o, dicho con otras palabras, podemos oler nuestra existencia, y esa fragancia carece de nacimiento y muerte. Es el *jiva* o alma individual el que tiene consciencia. Esta consciencia y el *prana* son cualidades de la esencia extraída de los alimentos o *sattva*. El cuerpo no es más que alimento. El cuerpo es el alimento del *prana*, la fuerza vital. Por eso, el juego del *prana* termina cuando se agota este cuerpo-alimento.

El cuerpo tiene forma, pero tanto el *prana* como el *Atman* carecen de ella. La muerte solo es una palabra, y nadie la experimenta. El aire nunca muere. Términos como vida, *jiva*, consciencia y mente se utilizan para alcanzar una mejor comprensión, pero carecen de forma y son tan inmortales como el aire.

Guru es otro nombre para la consciencia pura y manifiesta que lo abarca todo en su plenitud. La devoción al *Guru* resulta liberadora. *Mukti* o liberación es saber que el individuo nunca ha estado esclavizado. Un enfoque verdaderamente positivo consiste en vivir como si uno no fuera su cuerpo, sino el *Atman* o la consciencia. El espacio es la luz del *Atman*, y ambos son omnipresentes y perpetuos.

Durante la meditación, si uno utiliza su mente para ver el Sí mismo, la mente se desvanece. El *dhyana* yoga conduce al *jnana* yoga. La mente es transitoria porque es *Maya* o ilusión. A menos que uno abandone el concepto «yo soy el cuerpo», no tendrá lugar la cognición del Sí mismo. Cuando uno no es el cuerpo, ya es *Atman*. Todas las personas experimentan las tres cualidades de *sattva, rajas* y *tamas*. *Sattva* conduce al amor, *rajas* hace que seamos dinámicos, mientras que *tamas* nos aboca al sentido de propiedad.

16

Al final, la mente se disuelve

Nuestra verdadera naturaleza siempre es el conocedor, pero nunca lo conocido. Pretender el conocimiento del Sí mismo es ignorancia, ya que conduce al deseo y, en consecuencia, uno nunca puede hallarse en un estado de ausencia de deseos. Es la consciencia la que nos dice «yo no soy el cuerpo», y también que «no debemos albergar ningún deseo por los frutos de nuestras acciones».

Cuando se sabe que todas las acciones se deben al *prana*, uno ya no puede ser el hacedor en presencia de la consciencia. El ignorante cree que él es el hacedor y aguarda los frutos correspondientes por las acciones que lleva a cabo, identificándose siempre con su cuerpo.

Mientras esté disponible la esencia alimenticia del cuerpo, habrá consciencia, junto con el *prana*, y brillará la luz del *Atman*. Es el conocimiento del *Guru* el que rechaza que el cuerpo sea nuestra identidad.

Las actividades de los cinco elementos –tierra, agua, fuego, aire y espacio– ocurren sin que intervenga ningún intelecto, teniendo como resultado la forma del mundo. De estos elementos se crean los alimentos y las criaturas vivientes; es decir, todas las actividades ocurren a causa de los cinco elementos. El conocedor de estos elementos es el *Sadguru*, quien está más allá de estas cualidades.

Cuando empiece a conocer plenamente su consciencia, se convertirá en su testigo. También será testigo del *prana* y su mente tocará a su fin. Pero el juego debe continuar y por eso se le dan esperanzas a la gente para que lleve a cabo sus funciones mundanas. Los deseos están en el centro de todas las actividades.

Cuando se conoce la Verdad, se torna clara la naturaleza espontánea de todas las cosas. Mientras haya vida, trabaje para su familia y sus hijos como si estuviese sirviendo a Dios. Pero esto solo es posible cuando se tiene el verdadero conocimiento del *prana* y la consciencia. Este giro hacia el interior se ve facilitado por el estado de *samadhi*, que es *nirguna* o más allá de todas las cualidades. Solo entonces se encontrará plenamente satisfecho. En el *samadhi*, desaparece la separación entre la satisfacción y el que está satisfecho. Por otro lado, el deseo tanto de buenos como de malos resultados aboca al sufrimiento.

La plenitud del *Brahman* solo es para aquellos que carecen por completo de deseos. Intente vivir ahora mismo como si no tuviera cuerpo. Solo entonces alcanzará el verdadero conocimiento del *prana*, la consciencia y el *Atman*.

17

Para reconocer
su verdadera naturaleza,
la mente debe estar
libre de pensamientos

Es el propio *Parabrahman* el que nos comunica su auténtica naturaleza. *Parabrahman* significa el Uno que trasciende las ilusiones o conceptos erróneos. No hay dualidad ni división alguna en dicha realidad desde el punto de vista de *Paramatman*. Por eso está más allá de la comprensión de la mente, ya que esta se halla siempre enredada en la dualidad. ¿Cómo puede la mente burda comprender lo más sutil de lo sutil?

La identificación con el cuerpo es un obstáculo para nuestro autoconocimiento. Para conocer la naturaleza de *Paramatman*, uno tiene que conocerse a sí mismo. Hay quienes afirman que este proceso de reconocer nuestra auténtica naturaleza requiere el esfuerzo de varios nacimientos humanos. Pero, de hecho, esas nociones erróneas no hacen sino retrasar el conocimiento de nuestra auténtica naturaleza. Solo puedo repetir que todo lo que uno tiene que hacer es ser consciente de manera constante de su verdadero Sí mismo. La religión real consiste en vivir como el Sí mismo.

Aunque la especie humana es una, existen numerosos credos y, en consecuencia, el comportamiento de las distintas personas es diferente. Pero el residente interior en todos los seres humanos es el *Paramatman, nirvikalpa*, el cual está más allá de la relatividad. Es totalmente libre y no tiene ninguna idea acerca de *mí* o *mío*. El que sabe que el Sí mismo es su verdadero ser realiza la Verdad. Esa persona ha conquistado el tiempo y los fenómenos del nacimiento y la muerte. El Sí mismo está más allá del pensamiento y, por lo tanto, también más allá de la aprehensión intelectual.

Aquel que realiza el Sí mismo está libre de obligaciones. Para él, no hay nada que deba hacerse. Sin embargo, es testigo de todas las acciones. Cuando conocemos nuestro auténtico valor, las acciones ocurren de acuerdo a dicho valor. Deja de prevalecer entonces la compulsión de vivir o de prolongar la vida.

El autoconocimiento de nuestra verdadera naturaleza permanece latente en cada persona y resplandece de manera espontánea. Sin embargo, el apego hacia el propio cuerpo hace que uno se engañe y que este conocimiento supremo se oculte y pase desapercibido. La información de que «yo soy el conocimiento puro y la consciencia siempre presente» se manifiesta como la cognitividad o la sensación de que yo existo. El Sí mismo está más allá de los pensamientos y de los cuatro tipos de palabra.

Bhakti, la genuina devoción a Dios, supone ser consciente de continuo de la propia naturaleza. Esta devoción es espontánea en todos los seres y también recibe el nombre de amor al Sí mismo. Pero permanece oculta y se convierte en amor egoísta debido a la identificación incorrecta con el cuerpo. Los cinco elementos que constituyen el cuerpo son burdos y no pueden describir al Sí mismo. El que sigue las enseñanzas del *Guru* y conoce su verdadero Sí mismo comprende que este se halla más allá de características corporales como hambre, sed, vigilia y sueño.

El verdadero pecado es presumir de ser el cuerpo e implicarse en todos los eventos relacionados con él. Para vencer el miedo a la muerte, debemos conocer nuestra auténtica naturaleza, la cual está más allá de los fenómenos de nacimiento y muerte. Al trascender la comprensión de la mente y del lenguaje, esta verdadera naturaleza nunca ha sido explicada completamente ni siquiera por los *Vedas*.

Debemos cumplir con nuestras obligaciones recordando las enseñanzas del Maestro. Para mantener la mente pura, hay que meditar y cantar el mantra con regularidad. La mente que se vacía de pensamientos negativos permite que emerja *sattva*. Nuestra consciencia es el sabor de *sattva*. Entonces se percibe, tan claramente como cuando sostenemos una grosella en la palma de la mano, que no somos ni el cuerpo ni la consciencia. Uno llega a saber entonces que las características y rasgos de la persona no pertenecen a nuestro ser real, el Sí mismo.

Los cinco elementos de la naturaleza producen una idiosincrasia personal que nos lleva a actuar de una determinada manera. Pero esta no es nuestra naturaleza real. Las tres cualidades no son nuestras, sino que pertenecen a los cinco elementos. Contemple cómo era antes de nacer y cómo será después de abandonar este cuerpo. Sin entretenerse con los deseos, persista en morar en esa comprensión como el Sí mismo. Puede adquirir muchos conocimientos en la vida, pero conocer al conocedor de ese conocimiento no es un objeto de conocimiento. Por lo tanto, lo que le pido es que conozca lo que no es usted. Una vez que despierte al que reside en usted, comprenderá en su totalidad el concepto de la manifestación. Como esta consciencia solo está disponible por una duración limitada, no tarde en ponerse manos a la obra.

18
El *jnani* considera
que la consciencia es Dios

De repente, se produce una leve vibración en el *Brahman* infinito e inmutable y de ahí surge nuestra sensación de ser. Pero, antes del conocimiento o de la sensación de que «yo existo», debe haber algo más. Conceptos como el miedo no han surgido todavía. Solo cuando emerge la consciencia de ser, empiezan a aparecer las palabras y también los conceptos. Necesitamos más palabras para saber más acerca de nuestra repentina existencia. El *jnani* considera que la consciencia es Dios.

Así pues, la información acerca de nuestra verdadera naturaleza es enunciada en forma de palabras. Sin embargo, la consciencia que recibe el conocimiento es *Ishwara*, el cual está más allá de las palabras. Antes de que emergiese la consciencia, no había *yoga* ni unión con nada, sino tan solo el estado de no yoga o *niyogi*. Tras la irrupción de la consciencia, el *yoga* ocurre con todo. Dotados del conocimiento del origen de la consciencia, adviene el estado de *mahayoga* o gran *yoga*. En dicho estado, no hay necesidad del placer proporcionado por los cinco sentidos, puesto que en él la dicha es completa.

Todos los placeres sensoriales que tanto anhelamos palidecen en comparación con la dicha que se experimenta cuando se disfruta del conocimiento del Sí mismo. No hay mayor realización en la vida que la realización del Sí mismo. No hay muerte para aquellos que han conocido su auténtica naturaleza inmortal. Si el espacio carece de muerte, ¿cómo podría morir su conocedor, que es el Sabio?

19

Manana conduce
al conocimiento de la consciencia

Manana significa absorción constante en las palabras del *Sadguru*.

Prakriti (manifestación) y *Purusha* (*Brahman*) no son distintos. *Prakriti* comienza en el tiempo, se desarrolla en el tiempo y finalmente termina en el tiempo, mientras que *Purusha* es el testigo inmutable de esa actividad. *Prakriti* es lo que percibimos a través de los sentidos, mientras que *Purusha* es aquello que despierta a este conocimiento; es decir, la consciencia pura carente de forma o descripción.

Cuando cede la identificación con el cuerpo, uno pierde el interés en la satisfacción de los deseos y ya no exige nada para sí mismo, puesto que se desvanece cualquier esperanza, deseo y ansia. Sin embargo, para adquirir el conocimiento de la consciencia, uno debe practicar *manana*, el cual consiste en reflexionar en aquello que se ha escuchado de boca del Maestro. Hay que darse cuenta de que la consciencia pura no es la persona individual que aparece como el «yo», sino el testigo de nuestra verdadera naturaleza. El que conoce su auténtica naturaleza se percata de que no es el cuerpo, aun cuando viva en el cuerpo.

Brahman solo es un testigo en cuya presencia funcionan el *prana* y la mente.

Todos los eventos del universo acaecen de manera espontánea. Tenemos que saber que es como el brote de las semillas en la tierra, donde la tierra no ejerce ninguna acción de su parte. La semilla está presente y, cuando llueve, germina. Discriminar en estos términos nos ayuda a entender que lo que sucede es espontáneo y que nuestro cuerpo simplemente es el instrumento de lo que acaece. De hecho, toda la creación trabaja de manera automática, siendo la función de *Brahman* meramente sostener dicha creación.

Se afirma que los cinco elementos que crean el universo siguen latentes tras el *pralaya* o disolución del universo manifestado, reapareciendo durante el siguiente ciclo de la creación. *Purusha* es nuestra consciencia o nuestra sensación de ser. La apariencia del cuerpo y del universo no se produce en el Sí mismo, sino en la mente. El que lo entiende conoce la esencia de los *Vedas* y sabe que toda infelicidad atañe tan solo a la persona, pero no a lo no manifestado, que es infinito.

Vyakti o la persona experimenta el sufrimiento, pero lo no manifestado, el Sí mismo, no se ve afectado por él. Aquel que no se ve afectado por las modalidades mentales, que son los pensamientos, los sentimientos y los conceptos, es *Purna Purusha*: el ser realizado. Este es el mismo principio que existía antes de la creación y que sobrevivirá tras la disolución última o el final del universo. Aunque no sea consciente de sí mismo, es el océano de la felicidad. El que sabe eso conoce la Verdad.

El conocedor de las modificaciones mentales es anterior a ellas y no está implicado en ellas. El testimonio ocurre sin esfuerzo. Se mantiene al margen y no se ve afectado ni siquiera cuando hay consciencia. Uno debe ver todo como su propio ser. Y, para ello, debe ir más allá de cualquier experiencia.

20

Permanezca en silencio

El sufrimiento del mundo, y la mente que lo siente, no perturba a quien posee el conocimiento de que no es el complejo cuerpo-mente, sino la consciencia. ¿Cómo se adquiere dicho conocimiento? Uno tiene que permanecer de manera constante en la consciencia de ser, lo cual no resulta sencillo para muchas personas.

Es posible meditar en otras cosas, como un nombre divino, por ejemplo, pero morar en nuestra propia eseidad [*beingness*] es algo muy distinto. Tan solo la gracia del *Guru* permite alcanzar gradualmente ese estado. El punto de partida es el conocimiento de nuestra eseidad, la sensación de que «yo existo», la cual es irrefutable. Ese es nuestro verdadero *Guru*. Nuestra existencia depende de Su presencia en nosotros.

Para ser iniciado en este conocimiento, se requiere un *Guru* vivo externo. Gracias al *satsang* continuo con ese *jnani*, el *Guru* eleva a la persona gradualmente y la lleva a comprender que la consciencia del *Guru* externo y la del discípulo no son diferentes entre sí.

La cognitividad o la sensación de ser que posee la persona encarnada es amor hacia sí mismo. Cuando la persona ama la existencia, eso no es amor hacia el propio cuerpo, sino hacia la consciencia. Esa es la cualidad del amor hacia sí mismo de la que hablamos. Pero ¿cuál es el origen de este amor?

Los cinco elementos y las tres cualidades de *sattva*, *rajas* y *tamas* se mezclan para inducir este amor a la existencia que conocemos como nuestra consciencia, la sensación de ser. La consciencia ama existir. También podemos decir que es el amor mismo, si bien no es amor por el cuerpo. Aunque la consciencia recibe la cualidad del alimento corporal, no es el cuerpo. Ella está presente tanto con el cuerpo como sin él, siendo sus funciones realizadas por el *prana* o el aliento vital. El amor hacia uno mismo lo ilumina todo y proporciona confianza en la existencia. Esta consciencia es el *Guru*, pero la identificación con el cuerpo obstruye el camino de nuestra adoración. Solo este amor existe en el mundo entero y debemos adorarlo por sí mismo.

Lo que se requiere es fe en el *Guru* y sus palabras. Por la gracia del *Guru*, uno puede entonces experimentar esta consciencia pura, que está más allá de las palabras o, para ser más precisos, que es anterior a la aparición de las palabras. Es eso lo que se denomina *sahaja samadhi*, en el que uno permanece en sintonía con el Sí mismo, incluso mientras lleva a cabo, de manera natural, todo tipo de acciones.

Esta consciencia es Dios, el *Guru* y todo lo demás. Siempre existe y no necesita ser recordada porque no puede ser olvidada. No hay nada que recordar. La consciencia brilla como el universo y está más allá de la dualidad.

Uno debe conocer esta consciencia, lo que supone en esencia conocer su verdadera naturaleza o la Verdad. Esto requiere una fe completa en nuestro propio ser. Uno tiene que permanecer en silencio o estar en *sahaja samadhi*, que es el estado natural del ser, el cual ocurre debido a la gracia del *Guru*.

21
Samadhi
es olvidar el conocimiento

Después de todo, ¿qué es *avidya* (ignorancia)? Es tomar por verdadero aquello que no existe. La palabra *avidya* se deriva de *avidyaman*, que significa, en esencia, «lo que no existe en realidad, sino tan solo como apariencia». La idea de que «soy un cuerpo dotado de nombre y forma» no existía antes del nacimiento y ni siquiera cuando éramos muy pequeños. Pero, poco a poco, llegó a ser con la aparición del cuerpo. El cuerpo y la mente generan la idea del «yo».

¿Es real este cuerpo temporal? La Realidad debe ser inmutable y permanente. Y nada en este cuerpo se ajusta a la definición de la Realidad. La infancia termina y la niñez comienza; la niñez concluye y aparece la juventud solo para finalizar y dar lugar a la edad adulta, la cual culmina en la vejez. Este cuerpo se halla sometido a un continuo cambio. ¡Qué ironía que el Principio eternamente inmutable se identifique con este cuerpo perecedero y siempre variable! Es esta identificación errónea la que da lugar al temor.

Pero veamos cómo surge este temor. La identificación con el nombre y la forma (el cuerpo) aboca a la creencia de que lo que le sucede al cuerpo me ocurre también a «mí», y de que el cuerpo es el destinatario de todos los acontecimientos. El miedo está asociado con el recuerdo de los eventos pasados y con la imaginación sobre los posibles sucesos futuros, los cuales solo afectan al cuerpo, pero no al Sí mismo, nuestra verdadera naturaleza. Cuando, por la gracia del *Guru*, uno se percata de que su verdadera naturaleza no es el cuerpo, sino tan solo el testigo de la sensación del ego, se pierde el temor.

De esta manera, gracias a la compañía del Maestro, el *mumukshu* o aquel que aspira a la liberación se convierte en *sadhaka* o aspirante en el camino espiritual. Entonces arriba a la comprensión de que la cognitividad o la sensación de ser también está limitada por el tiempo y no constituye nuestra identidad más profunda. Se da cuenta entonces de que su auténtica naturaleza es el conocedor de esta comprensión, el cual está más allá del tiempo y es libre de todos los placeres y sufrimientos. Dotado de esta comprensión, el *sadhaka* se convierte en un *siddha* y es libre de las acciones y de sus efectos. El aspirante se transforma en un realizado, con lo cual se anulan y liberan los karmas que atan a la persona al ciclo de nacimiento y muerte.

La palabra *chidakash*, compuesta de *chit* y *akash*, y la palabra *mahadakash* necesitan algunas aclaraciones. *Chit* alude a la consciencia, la cual no es consciente de sí misma en el estado de sueño profundo. Por su parte, el estado de ensueño es aquel durante el cual se produce el falso despertar a un universo propio, lo cual es *chidakash*.

De *chidakash*, que es invisible, surge *mahadakash*, que es la manifestación que vemos como el universo en el estado de vigilia, un estado que es percibido por los ojos y por el resto de los órganos sensoriales. Los cinco elementos (tierra, fuego, agua, aire y espacio) constituyen el mundo de la vigilia. Sin embargo, el *chidakash* no es percibido por los ojos ni por los otros sentidos.

Tanto *chidakash* como *mahadakash* son espacios que nacen de la consciencia, que en sí misma carece de forma y requiere para manifestarse y funcionar las así llamadas vida y cuerpo. Ambos espacios se originan en una apertura en el *chakra* de la corona de Brahma, denominada *Brahmarandra*. Cuando se olvida la consciencia en ese punto, esto es lo que se conoce como muerte.

El sueño profundo consiste simplemente en olvidar la sensación de ser, mientras que el *samadhi* reviste el mismo significado. La muerte también significa la pérdida de la cognitividad, la pérdida de la sensación de ser y de la noción de que «yo soy». La gente se asusta al escuchar la descripción de la muerte. Sin embargo, tanto el estado de vigilia como el mundo de los sueños solo aparecen en la consciencia. Es la gracia del *Guru* la que nos permite entenderlo con claridad.

Si bien el estado de vigilia da lugar al impulso de seguir viviendo, está limitado por el tiempo y es irreal. La verdad eterna es nuestra auténtica naturaleza, la que atestigua la consciencia. ¿Por qué entonces deberíamos desear o despreciar la vida transitoria, que al fin y al cabo es irreal?

El Principio que es anterior a la consciencia no tiene forma, carece de atributos y ni siquiera es consciente de su existencia. Es la Verdad eterna también denominada *Sadguru*. La asociación con el *Sadguru* conduce a la Verdad o, si se prefiere, al conocimiento de uno mismo. Aunque está más allá de la acción, es testigo de las acciones del cuerpo que se producen en presencia del aliento vital. Es, al unísono, un gran amigo y nuestro peor enemigo. Esa es la naturaleza del amor y la atracción. Medite en ella y sostenga la consciencia por sí misma. Permanezca tal como es con facilidad y naturalidad.

Como una diosa, la consciencia cuenta con ocho miembros: los cinco elementos más las tres *gunas*. Pero el hogar de lo no manifestado está lejos de ellos. Dado que la consciencia es temporal, no puede ser la Realidad.

22

El momento de conocer la consciencia es ahora

Todo lo que existe es *Parabrahman*, el cual recibe el nombre de *vastu*: lo que existe. También lo llamamos Dios y, para complacer a la mente, describimos sus virtudes y cualidades de innumerables maneras. Sin embargo, el *Parabrahman* o el *Paramatman* carece de principio, mientras que los seres humanos hemos llegado hace muy poco y, por lo tanto, somos incapaces de describirlo adecuadamente.

La *mulamaya* o ignorancia primordial emerge de la manifestación. A partir de ella surge la identidad errónea, junto con este cuerpo y el mundo exterior. Los cinco elementos y las tres *gunas* emergen simultáneamente desde *Maya*. La fuente es *Parabrahman*, el cual es comparable a la pantalla en la que se proyecta este espectáculo. Aquello que vemos como el universo no es sino el juego de *Maya*, la ilusión. ¿Cómo podemos entonces describir el *Brahman* con el lenguaje y la terminología propia de este universo ilusorio?

Y, sin embargo, el universo nos proporciona indicadores de esa Realidad. Los cinco elementos, que por sí mismos carecen de consciencia y que constituyen el universo, lo gobiernan automáticamente sin requerir ninguna actividad por parte del

Brahman. Dado que los cinco elementos carecen de consciencia, todo lo que ocurre es espontáneo.

La flora y la fauna, desde los gusanos hasta los seres humanos, todos los cuerpos están constituidos por los cinco elementos, incluido el *sattva* de la tierra. La consciencia se manifiesta en los seres vivos como la sensación de ser, la sensación de que «existo». Todo lo que nos rodea, con excepción de esta consciencia, cambia, envejece y se destruye. Es necesario comprender su origen. ¿Qué es lo que da lugar a la sensación de ser? ¿Cómo conocerla? Conocerla equivale a santificarnos.

Solo se llega a ella conociendo nuestra genuina naturaleza. En este sentido, hay que deshacerse del apego a la mente, lo cual significa que nuestro ser permanece absorto en sí mismo. Ese estado rebosa de felicidad. Esa experiencia que no puede ser descrita por ninguna palabra es el estado de *Samadhi*. La mente sigue existiendo, pero su agitación se ve silenciada. Este estado es lo que procura verdadera felicidad en la vida. Es la vida sin el torbellino propiciado por la mente agitada, ya que en esa condición existe la consciencia permanente de que uno no se ve afectado por las vicisitudes y altibajos de la vida. El estado en el que la mente permanece en silencio y más allá de la agitación recibe el nombre de *unmani*. Por su parte, la relajación profunda de la mente durante el sueño inducido por el yoga se denomina *yoganidra*.

Una vez que se conoce la fuente de la consciencia, la persona permanece, incluso al morir, imperturbable durante el proceso, dado que sabe que lo que surge también se asienta en ello.

Disfrutamos de las cosas que la mente es capaz de captar.

Pero hay que ser testigo de aquello que observa esta captación, comprensión y disfrute. Debemos conocer que lo que ilumina la mente y el intelecto es nuestra verdadera naturaleza.

Que usted y yo existamos es *satya*, un hecho dentro del reino de *mithya*, lo irreal. La realidad es omnipresente y, aunque resulta accesible a todos los seres, no es evidente de igual modo para todos ellos. La realidad es eterna, infinita, y, sin embargo, no es consciente de sí misma. Solo cuando uno tiene la sensación de ser, es capaz de reconocer su propia presencia; es decir, la consciencia de que «yo existo». La Verdad es eterna e infinita, pero no es consciente de su propia existencia. Aunque, en ocasiones, tiene lugar el testimonio de su existencia, no es tocado por la memoria y, por eso, es diferente de todas las demás experiencias.

Brahman es absoluto y completamente no dual. Son los cinco elementos los que propician la aparente dualidad de *Purusha*, la Consciencia Infinita, y de *Prakriti*, el universo y todo lo que reside en él. Es a partir de ellos que emergen los seres vivos dotados de *gunas* o cualidades. Estas cualidades permiten a cada ser testificar los acontecimientos. Pero en ello no hay ganancia ni pérdida alguna, sino que es nuestra identificación con el cuerpo la que proporciona la sensación de ganar y perder.

Las *gunas* agitan el universo, pero para la Consciencia Pura, que es un mero testigo de estos acontecimientos, no hay nada que ganar o perder con lo que acaece en el universo. Aunque el universo está destinado a terminar, el Vidente del universo es inmortal y eterno.

Creemos que actuamos a causa de nuestra mente. Sin embargo, las acciones se deben a las modificaciones mentales que fluyen en presencia de la consciencia, mientras que el conocedor de dicha consciencia es eterno. El conocedor de este hecho recibe la gracia del poder de la consciencia, mientras que la identificación con el cuerpo es el origen de la impotencia y el miedo. Debemos saber que somos el conocedor de la consciencia debido a que sabemos que «somos». Nuestro ser está siempre rodeado por el mundo, mientras que las acciones se deben a las modificaciones mentales. La consciencia resultante permanece con nosotros hasta el final, y luego desaparece.

La condición de vigilia deja de ser, con lo que uno se disuelve en el estado verdadero y eterno, en aquello que existía antes de la aparición de la consciencia. No debemos identificarnos con el cuerpo, sino saber que el cuerpo es el alimento de la consciencia. Es entonces cuando se alcanza el propósito de la existencia, y se pacifica la consciencia.

El verdadero interés propio consiste en conocer al Sí mismo y permanecer en esa consciencia. Quien lo consigue pierde el miedo en la vida. Cuando permanecemos en el estado en el que nos hallábamos antes de nuestro nacimiento y que seguirá después de que dejemos el cuerpo, se desvanecen las diferentes preocupaciones no buscadas que nos atormentan a lo largo de la vida. Hágase amigo de esa consciencia carente de forma y cante *Jai Guru*. Entonces su gracia iluminará su ser y desarraigará el mal de la ignorancia. Ese *Guru*, que es en realidad el Sí mismo carente de forma, es el Señor de este universo. Nunca lo olvide. Él es el *gopala* sin forma, el pastor de vacas que cuida del universo.

23

Mantenga su consciencia
por sí misma

El Señor nos advierte de que todo cuanto sucede se debe al poder del tiempo. Y también señala: «Es mi poder». Eso es lo que se conoce como *Prakriti* y *Purusha*. La semilla de la manifestación reside en nuestro interior como la más mínima consciencia, el sentimiento de que «yo existo». Esta consciencia es la que nos permite pensar en Dios y en el mundo. Esta es la forma *Samkhya* de *Prakriti* y *Purusha*.[1] Todo esto es espontáneo y carente de creador. A partir del estado de no conocimiento, aparece el conocimiento. Crece, envejece y permanece hasta que completamos la duración de nuestra vida.

Al igual que el día se inicia con la salida del sol, nuestra vigilia comienza con la cognitividad o la consciencia tanto de nuestro propio ser como del mundo exterior. Pero al igual que el día tiene que terminar, este conocimiento también debe concluir después de cumplir su ciclo temporal. Lo que nace debe morir.

Por tanto, la cognitividad o la sensación de ser no es nuestra naturaleza eterna. Nuestra verdadera naturaleza está muy

---

1. Esta interpretación de *Prakriti* y *Purusha* es propia del sistema filosófico *Samkhya*, que es una de las antiguas ramas del Vedanta no dual.

alejada de todo eso. Por medio de esta sabiduría, usted puede seguir adhiriéndose a su sensación de ser, al tiempo que no se ve afectado por el mundo.

Es la semilla de la consciencia la responsable de que esto ocurra con el paso del tiempo. Un día tiene relación con el sol o la luz, que no es otra cosa que nuestra sensación de ser. En ese sentido, el primer día de la persona perdura durante un periodo de varias décadas. Aunque esta consciencia o luz tiene un carácter sutil, también es uniforme y continua como el espacio. Sabemos cuándo llega la mañana debido a la semilla del mundo visible. Esta semilla no es permanente y debe poseer las cualidades de mengua e incremento. Debido a que ignoramos dicha semilla, creemos que somos el cuerpo, lo cual nos aboca a una vida plagada de necesidades y miedos.

24

La búsqueda constante
de la verdad
nos convierte en iluminados

El *Sadguru* –el cual no tiene forma y no está involucrado en el nacimiento, permanencia o final del universo– nos pertenece a todos de manera permanente. Es el *Parabrahman* libre de conceptos. Nuestra experiencia es anterior a la arribada del cuerpo. Ese es el Gran Principio o *Paramatatva*. Carece de acciones u operaciones en el mundo que ocurran debido a las modificaciones mentales. El comportamiento del ser humano se debe a su mente, pero no a su consciencia. Nuestra consciencia aparece sin que nos demos cuenta de ello.

Todas las actividades pertenecen al cuerpo y la mente. La esclavitud y la liberación son conceptos originados en las tres *gunas*: *sattva*, *rajas* y *tamas*. El *Paramatman* está más allá de la consciencia y, por lo tanto, es inconcebible. Cuando medite, ¿en qué aspecto de él meditará?

Si aplica las enseñanzas del *Guru* a su propia vida, incluso un bobo o un aspirante espiritual mediocre que posea fe firme en las enseñanzas, alcanzará la liberación, a pesar de ser un *sadhaka* ordinario.

La mente es el producto de los *samskaras* o condicionamientos. Son estos los que definen nuestro comportamiento en el mundo. Aun cuando el comportamiento de distintas personas sea diferente y variado, la consciencia, que es la luz divina que reside en nosotros, siempre es idéntica. Vemos resplandecer este principio a través de innumerables seres. Pero debemos adherirnos a este principio, dado que es nuestra auténtica naturaleza. El genuino aspirante tiene que desechar la noción de que es el cuerpo y aferrarse a la comprensión de su naturaleza verdadera. Aquello que está alejado del cuerpo y la consciencia no se halla limitado por el tiempo. La duración de su vida no está restringida, porque ¿qué es la muerte para alguien dotado de estas cualidades? Su verdadera naturaleza es un mero testigo del cuerpo y la mente. El conocedor de las cualidades del cuerpo está más allá de la consciencia. «Yo soy Eso; pero, en el presente, soy esta consciencia». Uno ha de estabilizarse en esta comprensión. A su debido tiempo, adherirse a este tipo de conocimiento liberará a la persona. Su individualidad va desvaneciéndose poco a poco y lo que se ha manifestado permanece. El camino que siga de manera insistente dará forma a su destino. La búsqueda de la Verdad acabará por revelarle su propia y genuina naturaleza. Usted será Eso. Sin embargo, la búsqueda de objetos y acciones mundanas solo le encadenará al ciclo del nacimiento y la muerte.

La consciencia asume formas diversas de acuerdo a la firme impresión que se tenga de ella. El universo funciona para servir a nuestra consciencia, la cual posee la cualidad del *sattva* puro, que es como una especie de sustancia química. Todas las cualidades fluyen a partir de ella sin obstrucción.

El material del que está hecha una película de cine no se ve afectado por el contenido de las escenas de la película. Del mismo modo, su verdadera naturaleza no se ve afectada por la proyección del universo que lo rodea. La vida, y no usted, es el soporte de este drama universal. Tenga esto en cuenta. No olvide que el cuerpo es el alimento de la consciencia y que el *prana* es su protector. Usted solo es un testigo.

25
El iluminado
es un verdadero *sanyasi*

El que pierde el sentido del «yo» o del ego recibe el nombre de *sanyasi*. *Sanyasa*, la auténtica renuncia, significa la constante permanencia en la verdadera naturaleza del Sí mismo. El cuerpo funciona tal como estipula el destino. Aquel que entiende que no es su naturaleza real es un auténtico renunciante que ha perdido su individualidad. Esa persona efectúa sus deberes con la máxima atención, pero es consciente en todo momento de que todas las percepciones no son su verdadera naturaleza. Sabiendo que su individualidad es una mera apariencia en la consciencia pura, permanece desapegado gracias a esta firme comprensión.

Es consciente de que, si bien en la consciencia se producen distintas apariencias, él no es ninguna de esas apariencias. Está plenamente establecido en el Sí mismo. No es su cuerpo, sino que se expresa como consciencia incorpórea. Nuestra sensación de ser, *hamsa*, es un cisne, mientras que su conocedor se denomina *Paramahamsa*, el cisne supremo. Para él no existe ni el ser en *samadhi* ni el ser fuera de él. Los conceptos de bien y mal también están ausentes y no hay reglas ni abstención de ellas.

Él no muere, de igual modo que la luz del sol no muere cuando se pone el sol. Aunque no se manifieste, el Sí mismo siempre permanece. Al igual que no tenemos conocimiento de nuestro propio nacimiento, tampoco habrá conocimiento cuando el *prana* abandone el cuerpo.

26
Aunque el *jiva* habla, el orador es Shiva

Jiva, la persona, y Shiva, Dios, son meros símbolos de la misma Verdad. No hay ninguna diferencia entre ambos. Usted emite palabras y también las escucha. El que está en el mundo de las palabras y sus significados es el *jiva* o entidad individual. Y aquel que es el testigo silencioso, no afectado e inmutable de todo esto, es Shiva, el Sí mismo universal.

Jiva es la consecuencia de la fuerza vital que permite que se exprese lo no manifestado y lleve a cabo las actividades de la vida. Pero Shiva sigue siendo lo no manifestado que no aparece ni desaparece. El que adora es el *jiva* y el que es adorado es Shiva, aunque en esencia son uno y el mismo: Shiva no participa en ninguna actividad, sino que solo es el testigo.

Hasta que no se medita en la consciencia, no se debilita la identificación con el cuerpo. A medida que la comprensión de la verdadera naturaleza de Shiva sigue amaneciendo, uno se percata de que carece de cuerpo, aun cuando viva en él. El cuerpo es considerado, sencillamente, como la expresión de la realidad que reside en nosotros. *Jiva* y Shiva no son distintos, al igual que la luz y la lámpara que la emite tampoco son diferentes. Lo que es anterior a la emergencia de nombre y forma es la consciencia indiferenciada. Las divisiones se deben al hecho de que aparece como distintos nombres y formas. Mientras sea consciente, Shiva residirá en usted. Es Shiva quien está presente en usted como su consciencia. Lo no manifestado es *Parabrahman-Paramatman*, pero su expresión, la forma de Shiva, es el conocimiento de ser. El Dios insondable se torna autoevidente en este conocimiento de ser, la cognitividad. Y eso que es autoevidente carece de atributos. Esto es lo que se denomina *saguna brahman*.

Shiva no necesita ningún esfuerzo para distanciarse del cuerpo, ya que de entrada nunca se ha identificado con él; de ahí que reciba el nombre de *niyogi*, que significa el que siempre está separado del cuerpo. Nos identificamos incorrectamente con el cuerpo, pero este es, de hecho, solo nuestro problema. Nuestra naturaleza real es la consciencia, la cual carece de muerte. Cuando el agua caliente se enfría, no decimos de ella que desaparece.

27
El mundo nace debido a la eseidad

Swarupa, nuestra verdadera naturaleza, es inmóvil. No hay movimiento alguno en ella. Todos los movimientos que percibimos se deben a la consciencia. Hay numerosos entornos con distintos nombres, pero no son dinámicos de manera inherente, sino que las diferentes actividades se deben a las criaturas que viven en ellos. Muchos de los nombres atribuidos a Dios lo describen como estando involucrado en diferentes actividades, como, por ejemplo, la difusión de *Maya* o de la existencia. El mundo siempre acompaña a la consciencia. Sin embargo, *Paramatman* está más allá de todas las acciones. Es como si soñásemos que nuestro cuerpo físico se mueve frenéticamente, mientras que, de hecho, permanece inmóvil.

El mundo percibido durante el estado de vigilia nace al mismo tiempo que nuestra sensación de ser. Sin embargo, creemos que nacemos en este mundo y que moriremos en él. Es este concepto erróneo el que da lugar al miedo a la muerte. La noticia de nuestro ser es la prueba de la existencia de Dios. Nuestra existencia es el signo de *Paramatman*. El que comprende la naturaleza transitoria de la existencia mundana y de este mundo no se ve afectado por el miedo a la muerte, sino que observa que el mundo es uno con su consciencia.

Lo que está incompleto puede ser presenciado, pero no lo que está completo. *Purna*, la plenitud, lo no dual y el Sí mismo absoluto, no puede ser atestiguado, porque no tiene ninguna otra cosa, aparte de sí mismo, para poder ser percibida o atestiguada. No necesita un lugar para manifestarse ni tiene un espacio que ocupar. Se halla en todas partes y no hay lugar en el que no esté.

Maya, la ilusión, reposa en el dominio del conocimiento. El hecho de que no existiéramos hace cien años es una prueba de que *Maya* aún no había aparecido. Toda la falsedad termina por desvanecerse y fundirse en su conocedor.

28

En el *Jnani* descansa
la experiencia del mundo

Las diversas experiencias del mundo exterior no permanecen con nosotros, sino que cambian a cada momento. Las experiencias van y vienen, permitiendo que su verdadero testigo en nosotros permanezca intacto e inafectado. Ese testigo silencioso de todas las experiencias, que es completo y omnipresente, es el Uno sin segundo. Y, al ser no dual, no tiene consciencia de sí mismo.

En ausencia de la sensación de ser, el Sí mismo no experimenta los estados de la vida, como, por ejemplo, vigilia y sueño. Sin los estados de vigilia, ensueño y sueño profundo, *Paramatman* era dichoso, excepto que le faltaba la sensación de ser, la consciencia de la sensación del «yo». En ausencia del cuerpo-mente, no había actividades originadas en las modificaciones mentales.

El *Guru* nos dice que somos inmortales. De hecho, estamos más allá del nacimiento y la muerte, pero nuestra mortalidad se origina en la aceptación de que este cuerpo dotado de nombre y forma es nuestra naturaleza. Solo cuando nos imbuimos del consejo del *Guru* como si se tratase de nuestra propia e innegable experiencia tiene lugar el verdadero despertar, es decir, que usted es, en realidad, inmortal. Entonces sabrá de qué modo este mundo-experiencia se funde en usted, que es el conocedor de la consciencia.

29

Los yoguis carentes de eseidad alcanzan la dicha

Las escrituras alaban al Señor, *Paramatman* o *Paramatatva*, el Principio omnipresente. Aunque Eso trasciende cualquier descripción, las escrituras tratan de proporcionarnos alguna idea al respecto. Todas las alabanzas se derivan de un indicio infinitesimal de lo que han conocido acerca de Eso. La consciencia infinita no tiene ningún vacío en su interior. En ese sentido, carece incluso de consciencia de ser o sensación de existir. En consecuencia, tampoco hay *Maya* o ilusión; no hay apego, ni cognitividad, ni ninguna operación o actividad. Incluso palabras como *Atman* no lo alcanzan.

Debido a la presencia del *Atman* hay en el cuerpo una ligera apariencia de eseidad. Suponemos que el Sí mismo habita en el complejo cuerpo-mente y lo concebimos como el morador o el *Atman* (alma) dentro de nosotros, unificado con las tres *gunas*, a saber, *sattva*, *rajas* y *tamas* (los atributos que conforman la personalidad humana). La experiencia del mundo pertenece a estas tres *gunas*. El que sabe y comprende que este conocimiento del mundo exterior no es eterno es el residente interior, *antaratma*. Este conocimiento es la experiencia directa del cognitividad. Podemos llamarlo *maya*, Dios o asignarle cualquier otro nombre.

La consciencia manifiesta experimenta el mundo. Esta consciencia tiene la cualidad de *sattva* o esencia del alimento. *Prakriti* y *Purusha* son los responsables últimos de esto. Dios o *Ishwara* es el que realiza su existencia temporal. Toda la experiencia se debe a la consciencia o *Prakriti*, que es el aspecto manifestado de *Brahman* en el domino espacio-temporal. Debido a la presencia del *Atman*, hay un conocimiento de la existencia que todos desean que perdure. Eso es amor hacia uno mismo o el recuerdo de nuestra existencia.

Los cinco elementos y las tres *gunas* se combinan para formar el número ocho, que es el orden de encarnación de Sri Krishna o *Paramatman*, el cual conoce la consciencia de manera natural y carente de esfuerzo. Él está separado de *Prakriti* y *Purusha*. Debido a la ignorancia acerca de la fuente de nuestra consciencia, la siguiente cosa más cercana que advertimos es nuestro cuerpo, que se convierte entonces en nuestra identidad. Todas las actividades y creaciones en el mundo se deben a *prana*. Los yoguis dirigen el *prana* a la apertura de *brahma*, situada en la cabeza, y se liberan de la sensación de ser. Son dichosos en ese estado de no ser. No olvide que todas las actividades se deben al *prana*.

30

La meditación contribuye a asentarse en el conocimiento de uno mismo

Aquello que dice «Mírame, medita en mí, dedícate a mí» es la consciencia anterior a todas las experiencias, que habita en cada forma de vida, pero con más fuerza en los seres humanos. Llegamos a conocer el mundo y a *Ishwara* gracias a esa consciencia. El conocimiento del ser es la base de la creación entera.

La consciencia emerge sin que medie deseo alguno. Es *hiranyagarbha* o la matriz de oro. En esta matriz, hay algo oculto. Es el conocimiento de ser lo que se oculta en nuestro interior, por lo que también recibe el nombre de *hiranyagarbha*, la semilla o el embrión dorado. La semilla y el embrión esconden algo grande en el interior de su diminuta forma. Un poderoso árbol que da muchas flores y frutos permanece oculto en potencia en el interior de la semilla. Del mismo modo, toda la creación yace oculta en nuestro conocimiento. Esta cognitividad o sensación de ser desea fervientemente conocerse a sí mismo y a su propia y verdadera naturaleza. Y este deseo o amor hacia uno mismo es espontáneo.

El conocimiento de que uno es consciencia pura resulta accesible en nuestro interior, pero para establecerse de manera permanente en él, es necesaria la meditación constante. ¿Sobre qué debe meditar? Medite en aquello que es de manera eterna e ininterrumpida consciente de la sensación de ser. Esa consciencia pura es independiente del cuerpo y de la mente. El cuerpo solo aparece en el estado de vigilia. Sin embargo, ese conocimiento trasciende todos los estados.

Es la consciencia la que conoce su propia existencia y no la de los demás. La consciencia siempre es consciente de sí misma. La consciencia que prevalece, incluso antes de ser consciente de algo, es *Paramatman*. Todas las alabanzas a Él son meras indicaciones porque está más allá de las descripciones que nos suministran las palabras. La idea de la persona solo es válida mientras persisten sus acciones. Hasta que no amanece este conocimiento acerca de nuestra naturaleza real, predomina la identificación con el cuerpo. Pero, cuando amanece este conocimiento, uno se identifica con la consciencia. Si quiere amarse verdaderamente a sí mismo, debe conocer lo que es en realidad y permanecer con ello. El autorrealizado es quien descubre que su verdadera naturaleza es consciencia pura. Ese es el verdadero despertar.

31
El conocimiento de la consciencia satisface la necesidad de existir

Aunque, según las tradiciones, sucedan todos los acontecimientos del mundo, son muy pocos los individuos que tratan de conocer el lugar que ocupan en todo ello, e incluso son menos los que se detienen a pensar: «¿Quién es el que disfruta de este mundo? ¿Para quién resulta útil?».

El que llega a conocer el origen y el significado del mundo pierde toda creencia en su realidad. Dado que ha nacido de la nada, este mundo solo es *mithya*, un mito. ¿Cuál podría ser la utilidad de la Verdad de este mundo que se origina esencialmente en *mithya*? Todo lo que ocurre aquí es el juego de los cuerpos compuestos de los cinco elementos y de la fuerza vital. La unión de todo ello es lo que constituye el mundo.

No hay otra Verdad, salvo nuestra auténtica naturaleza. Las tradiciones proporcionan una guía para llevar a cabo las actividades del mundo. Dios mismo se manifestó en muchas encarnaciones diferentes para enaltecer el mundo. También fueron numerosas las personas a lo largo de la historia de la humanidad que trataron de elevar la condición de sus semejantes. Pero ¿dónde están todos ellos ahora?

El *jnani* no se ve atraído ni repelido por nada. Lo que se calienta debe terminar enfriándose. Tenemos poca elección sobre las cosas que suceden en el mundo, ya que ocurren por sí solas. Si apenas tenemos control en el funcionamiento de nuestro propio cuerpo y en la continuidad de su existencia, ¿qué control podemos tener sobre el universo?

Deberíamos plantearnos la pregunta ahora durante el tiempo que nos queda aquí. Los que caen enfermos, si no son tratados, pueden morir. Pero ¿a dónde irán? ¿Acaso han *venido* aquí en realidad para que podamos decir que se *van*? El afán por perpetuar el conocimiento o la sensación de que «existo como persona» nos impulsa a realizar todas las actividades de la vida. Sin embargo, este conocimiento es en sí mismo transitorio y no puede dar lugar a nada que sea perpetuo. Al fin y al cabo, este conocimiento se ubica en el ámbito de la irrealidad. Es como una flor que, tras una existencia momentánea, florece y se marchita en la nada.

El conocimiento del mundo es necesario solo hasta que uno se percata de su verdadera naturaleza. Es necesario conocer aquello que impregna y es testigo de nuestro cuerpo y su funcionamiento. ¿Ni siquiera ha conocido su propia realidad y quiere elevar el mundo? La fragancia de una varilla de incienso está limitada al tiempo que arde. Del mismo modo, su sensación de ser también tiene una vida limitada por el cuerpo mientras esté vivo. Huele (*vasu*) su ser (*deva*) mientras la quintaesencia del alimento está disponible para mantener la vida. Después, lo que era irreal se desvanece de nuevo. El Señor Vasudeva reside en usted. ¡Lo que no existía en realidad también desaparece con lo irreal! Nuestra existencia solo perdura durante un periodo limitado y no tenemos el poder de continuarla como quisiéramos. Esto es cierto para todos los seres, desde el diminuto gusano hasta el Señor Brahma.

Cuando adquirió consciencia de su existencia, el mundo exterior invadió su ser, haciéndole desear casa, esposa, familia y todas las demás posesiones. Pero cuando se percata de la irrealidad de todas estas cosas, pierde el deseo por ellas. Incluso pierde el interés por su propia cognitividad. Cuando el cuerpo padece un dolor, esa dolencia requiere un tratamiento que sane la enfermedad. De igual modo, el dolor de la cognitividad, o la sensación de que «soy esta persona», trae consigo la necesidad de un ungüento calmante de indiferencia hacia las cosas del mundo exterior, como riqueza, familia y posesiones materiales.

El remedio para esta enfermedad exige la purificación del *prana* y el *sattva* en el cuerpo mediante el canto de mantras. Al cantar, estas tendencias se mitigan y eliminan. Entonces se conoce qué es la consciencia. Cuando se conoce el origen de la consciencia, el trabajo está concluido y termina la necesidad de existir. En esta etapa, uno se da cuenta de que el gigantesco árbol de la manifestación brota de una pequeña semilla. Cuando se adquiere este *jnana*, o el conocimiento de que «yo soy *Brahman*», también se sabe que en realidad la manifestación no es más que ignorancia. Entonces no hay posibilidad alguna de que nos sintamos orgullosos.

Para que algo suceda, el Vidente del evento debe estar presente. Eso no es más que su cognitividad. Con el verdadero conocimiento, la mente toca a su fin. El *jnani* no está confinado en el cuerpo porque su cuerpo es el universo entero, mientras que su mente se convierte en la mente cósmica. Cuando ya no hay hacedor, o Creador, ¿dónde está la cuestión de si el mundo es verdadero o falso? No olvide que la consciencia es el producto de los cinco elementos.

32

Albergue la convicción
de que su consciencia es Dios

El cuerpo humano no es más que la forma compleja –constituida por huesos, piel, tejidos corporales, etcétera– de los elementos alimenticios consumidos y asimilados. Después de todo, el cuerpo está, básicamente, formado de materia. Sin embargo, el morador de este cuerpo no tiene forma ni nombre. El amor hacia uno mismo, residente en el cuerpo, es como la dulzura que habita en el azúcar o la mecha de la lámpara que se convierte en luz. Lo mismo ocurre con el conocimiento que resplandece en el cuerpo vivo.

La consciencia no es más que la cualidad de *sattva* o la esencia de los alimentos. La fuerza vital que fluye en vegetales y granos también surge de los cinco elementos que constituyen la tierra. La consciencia que brilla a través de todos los individuos que hay en el mundo es una y la misma y no difiere por el hecho de que las personas estén dotadas de diversas formas y tamaños. Esta consciencia es Dios. Y es eso lo que debe ser realizado con convicción.

Comprenda esto y conózcalo como su propia experiencia directa. Solo entonces sabrá que, de hecho, no está confinado en este cuerpo limitado. Este cuerpo es solo un producto del nacimiento y la muerte, pero lo que es usted realmente es universal. Entonces la mente trasciende las limitaciones mundanas y experimenta la unidad con el cosmos infinito. Y, de ese modo, usted entiende que el universo entero emerge a partir de un solo átomo de existencia.

33

Quien tiene consciencia
es el *Paramapurusha*

Purusha, o el espíritu cósmico, sabe que *Maya* no permanece para siempre en ninguna forma ni con un mismo nombre. Si no existiese *Maya*, no sabríamos de la existencia de *Purusha* o *Brahman*. A pesar de que ambos carecen de forma en realidad, *Brahman* realiza su propia existencia a través de *Maya*. Es como si *Maya* colaborase con *Brahman*.

Este hecho no es evidente de manera espontánea para la persona dotada de cuerpo y mente. La cognitividad es causada por *Maya* y está limitada por el tiempo. Esta sensación limitada de ser se superpone al *Brahman* carente de límites. La existencia de esta *Maya* transitoria implica que debe haber un fondo permanente que permita presenciar su transitoriedad. Es debido a *Maya* que el espíritu cósmico resulta conocido. Esta es la prueba del *Brahman*, el principio universal. De hecho, el propio aliento que se inhala es *Maya*. Pero, para entenderlo, es imprescindible que la mente deseche la identificación con el cuerpo.

Los acontecimientos que ocurren a nuestro alrededor se producen en presencia de la consciencia y son apariencias que ocurren en *Maya*. *Maya* es irreal e invisible y, por ese motivo, todo lo que se experimenta en la vida es producto de la irrealidad, la invisibilidad y la no existencia. Esto es así porque, aunque estos sucesos llamen nuestra atención en el momento presente, con el tiempo se erosionarán y perderán su realidad. Y lo que es perecedero no puede ser real. El que es testigo de la consciencia es *Paramapurusha*, el gran espíritu cósmico. Esto sucede debido a *Maya*. El poder por el cual uno conoce la Verdad también es el producto de *Maya*. En la Realidad Absoluta, tanto la ignorancia como el acto de despertar residen en el reino de *Maya*, si bien el *Brahman* no es tocado por todo esto. *Brahman* realiza su existencia debido a la consciencia.

Todo lo que es visible en este momento debe haber permanecido a salvo en el dominio de lo invisible. Por ejemplo, en el sueño profundo, el mundo exterior es invisible, pero está dormido y seguro. Esto es algo que simplemente se olvida durante el estado de vigilia. Lo que se olvida es la *Prakriti*, el aspecto visible de la naturaleza. El conocimiento permanece latente durante el sueño. *Maya* es la razón por la que vemos el mundo exterior o bien lo perdemos de vista. Aquel que comprende claramente que su verdadera naturaleza no es tocada por esto es el *Purusha*, el ser cósmico.

Cuando uno reflexiona acerca de su propia realidad en esta aparición y desaparición del mundo, su mente permanece quieta, ya que no hay una respuesta real a esta noción errónea del mundo y de la propia individualidad. El concepto de individualidad y de la existencia del mundo residen en el reino de *Maya*, que en sí mismo es ilusorio. Por lo demás, no hay nada más que la Verdad no dual. Aquel que conoce esto como la única Verdad recibe el nombre de *siddha*, el ser realizado.

Uno debe estar totalmente establecido en la consciencia porque solo entonces se dará cuenta de que nunca ha nacido. El fenómeno del nacimiento también forma parte de *Maya*. Por consiguiente, el nacimiento que ha ocurrido no es nuestro, sino que pertenece a *Maya*. Cuando emerge el conocimiento, se produce el juego del tiempo y el espacio y de toda la gama de manifestaciones, todo lo cual reside en el reino de los conceptos dentro de la mente y carece de realidad o Verdad. Cuando concluye el tiempo que tenemos asignado, la consciencia y el tiempo desaparecen. Comprender nuestra propia posición en este sentido nos ayuda a alejarnos del sufrimiento.

34
La sensación de bienestar
es un autoengaño

La gente difícilmente me creería si dijera que la vida en este mundo es como una serie de fotografías. Quienes confían en que las palabras del *Guru* son la Verdad podrán creer en esta analogía y apreciarla. Esa serie de fotografías se inicia el día de la concepción, nueve meses antes del nacimiento. Los padres del niño son los primeros elegidos para posar en esta fotografía, seguidos de las fotografías del mundo y de todo el universo, incluidas las estrellas y los planetas. Es como si estas instantáneas condicionasen el destino del niño. Pero la cosa no termina ahí, sino que esas fotos capturan todo aquello que puede verse con los ojos, oír con los oídos, tocar con el sentido del tacto y oler con la nariz.

¿Cómo se llevan a cabo estas fotografías? El niño es demasiado inocente e impotente para comprenderlo o interpretarlo. De hecho, la inteligencia cósmica, una cualidad del *sattva* denominada *hiranyagarbha*, es la que se encarga del proceso conocido como «nacimiento». Y es un componente del *sattva* el que lleva a cabo el trabajo. Entonces la fuerza vital se separa de su fuente (los padres) y se convierte en una entidad independiente en el mundo. Las estrellas y los planetas en los cielos, aunque lejanos, forman parte de esta fotografía e influyen en la vida del niño. El fenómeno de la suerte se acepta como si fuese el destino del niño.

El sabio destinado a convertirse en *mahatma*, en un ser evolucionado, cree en las palabras del Maestro y se da cuenta de que es ajeno a los acontecimientos que pertenecen al llamado destino y a la manifestación del universo. Sabe que los doce signos del zodiaco pertenecen al universo y que el «destino» es el del mundo y no el suyo. Sabe que lo que nace es *sattva*. La esencia del alimento es consumida, pero no soy yo. Nada en esta creación está oculto a Dios, y, sin embargo, Él no está en nada. Es Su luz la que da vida a toda la creación.

En el estado de ensueño, nos vemos a nosotros mismos desarrollando una vida onírica. Comprenda que incluso el universo de la vigilia emerge a partir de nuestra sensación de ser. La existencia mundana es efímera. Lo que sostiene nuestra vida tampoco es permanente. Aquellos que aspiran a ser bendecidos y esperan vivir felices para siempre se engañan a sí mismos. Sabio es aquel que conoce que lo que nace es *sattva*.

Una determinada encarnación alcanza su grandeza gracias al *Guru*. Los cinco elementos y las tres *gunas* se combinan para constituir la cifra ocho, el número del día del nacimiento del Señor Krishna. La grandeza pertenece a la consciencia en cada forma humana, que es el resultado de la combinación de los cinco elementos y las tres cualidades.

35

El señor Narayan
es nuestro recuerdo de ser

Cuando se marchitan todas las emociones, lo que queda es el *sattva* puro. Al destruir los conceptos, emerge a partir de este *sattva* puro *viveka* o sabiduría. Se trata de utilizar los pensamientos para deshacerse de la ignorancia causada por estos. Sin ningún esfuerzo conocemos el significado de nuestros pensamientos. Cada pensamiento entraña una motivación egoísta. Este egoísmo nos une a los demás y provoca apego hacia las cosas. Rece a su Maestro cantando *Jai Guru*. Este mantra ayuda a despertar de la ignorancia. Si no alcanza ese despertar, la persona carece de valor.

El conocimiento mundano se centra en el cuerpo, los sentidos y el mundo exterior. Sin embargo, el conocimiento del que hablamos aquí está más allá del cuerpo. Debe sentirse afortunado por saber que su consciencia es los pies del *Guru*. Esta consciencia es vasta, y todas las actividades mundanas ocurren en su presencia. Sin embargo, el conocedor de esta consciencia no se ve afectado por los resultados de las acciones. Un ejemplo de lo anterior nos lo muestra el *Mahabharata*. A pesar de que el Señor Krishna y Arjuna luchaban en el campo de batalla, sus mentes estaban libres de cualquier cualidad como deseo, odio, ira o mala voluntad hacia persona alguna. Eran *nirguna* y no estaban afectados por su consciencia del cuerpo o la individualidad, mientras se concentraban de manera completa e intensa en su participación en la lucha. Sabían que se trataba del juego de la consciencia y de que sencillamente estaban desempeñando su papel en dicho juego. No les afectaba ningún efecto, bueno o malo, de sus acciones.

En realidad, ningún individuo hace nada, sino que tan solo se trata de un acontecimiento en el campo de los cinco elementos. El resultado de la acción, ya sea bueno o malo, solo puede suceder a los individuos que son responsables de las acciones. En ausencia de individuos, ¿a quién puede afectar?

Cuando el hacedor es *sáttvico*, tiene lugar la comprensión de que el individuo está ausente. En Krishna, el «yo soy» estaba ausente y, por consiguiente, su presencia era como el espacio. Estas son las características del conocedor de la consciencia. Existimos gracias a nuestra consciencia. En otras palabras, ella es nuestro capital para la existencia. Por consiguiente, el mejor propósito de nuestra vida es conocer la fuente de la consciencia. Krishna lo consiguió y su consciencia se tornó universal.

Debido a *sattva*, se produce la sensación de ser. Pero puede haber un ser puro que carezca de la sensación «yo». La presencia real, como el espacio, es *nirguna*. Esto es lo que le ocurre al conocedor de la consciencia. Conocer la consciencia no es un proceso complejo en el que debamos romper o dejar caer algo, sino que tan solo estriba en conocer la fuente de nuestra existencia.

Vemos las distintas formas debido a nuestras elecciones. En

ausencia de elecciones, no vemos formas, como si todo fuera informe. El ignorante cree en las formas y se aferra a ellas. Cuando la existencia de uno es como el espacio, uno se vuelve universal. Si el yo está ausente, ¿dónde está la posibilidad del amor propio? Nuestra verdadera naturaleza es como el espacio, sin gustos ni tentaciones.

El Señor Narayan contiene tanto a *Prakriti* como a *Purusha*. Él existe en nosotros como la memoria: «yo soy». Narayan es puro *sattva* y conoce su consciencia como *nirguna*. Sus acciones carecen de motivos e intenciones; son similares a la no acción. Esto solo es posible cuando el individuo está ausente. Narayan no tiene ningún impulso de actuar y, por lo tanto, no se plantea la cuestión de que haga o no haga nada.

36

Conozca su consciencia
a través de la meditación

Todas las experiencias de la vida son transitorias. Por ese motivo, ninguna de nuestras experiencias cotidianas nos brinda la experiencia directa de lo permanente. El que sabe esto se da cuenta del verdadero *viveka*, lo cual significa que uno es capaz de discriminar entre lo eterno y lo transitorio. El verdadero *vairagya* o renuncia es ser capaz de diferenciar entre lo verdadero y lo falso. El estado de vigilia, en el que el individuo y su mundo cobran vida, y el sueño profundo, en el que la sensación de ser está ausente y únicamente se experimenta la existencia no dual, son la prueba de la naturaleza transitoria de la vida. Al darse cuenta de *viveka* o discriminación se pierde confianza en lo transitorio.

Los padres del recién nacido son dos cuerpos individuales. Su unión da lugar al cuerpo sutil del bebé, que se manifiesta como un cuerpo burdo hecho de la esencia de los alimentos. Por supuesto, los cuerpos burdo y sutil son necesarios para que se produzca la sensación de ser o el conocimiento de que «yo existo». La consciencia –también llamada *Atman*– se debe al cuerpo sutil. Donde no hay *sattva* –el cuerpo burdo compuesto de la esencia de los alimentos– tampoco hay *sva-tva*; es decir, la consciencia de que «yo soy». Esta sensación de ser constituye el vínculo inseparable con *sattva*. El sufrimiento humano y el regocijo de la vida parecen ser continuos porque la consciencia ama existir. Al igual que una hormiga se resiste a abandonar un cristal de azúcar, la consciencia se aferra a su existencia.

Las experiencias de la vida no son experiencias únicas, como se podría creer, sino que se basan, esencialmente, en la sensación de ser. El nacimiento del cuerpo trae consigo la ignorancia de residir en una forma dotada de nombre. Esto aboca al sufrimiento en la vida. La solución consiste en meditar en Eso que es anterior a la aparición de la mente.

Lo que se denomina nacimiento es solo la aparición física del cuerpo astral. A medida que crece el cuerpo físico, se desarrolla también la identificación con él, así como el nombre y la forma recién adquiridos, generando cada vez más confusión. La consciencia en el cuerpo es *Ishwara*, mientras que *yogmaya* le sirve en todos los aspectos. Usted debe llegar a conocer su consciencia meditando plenamente en ella. Lo que es anterior a la meditación es también anterior a la mente.

37

El conocimiento del ser es Dios

Aquel que está más allá del conocimiento y la ignorancia puede ser reconocido por su comportamiento. De acuerdo a nuestra experiencia, existen cinco tipos de comportamientos relacionados con los cinco sentidos: sonido, tacto, forma, gusto y olfato. La consciencia infantil es ignorancia en la que está ausente la sensación de «yo soy». Tras un cierto crecimiento de esta consciencia, el bebé comienza a identificar tanto su cuerpo como a sí mismo. Esta consciencia infantil se conoce como Balakrishna o niño Krishna y está presente durante toda la vida hasta su final.

Cuando el cuerpo-*sattva* enferma –con una dolencia que puede ser física o mental–, se produce el envejecimiento de esta ignorancia primordial. El conocedor de esta ignorancia primordial no es otro que el propio *Paramatman*. Él sabe que lo que es responsable del nacimiento también es responsable del envejecimiento. Las diferentes etapas de la vida son, todas ellas, provisionales. Ninguna experiencia es eterna. Con el envejecimiento de los extractos alimenticios, la cualidad de *sattva* también padece el envejecimiento, con lo que el *prana* se debilita. Es el *prana* el que está activo y no la consciencia o la cualidad de *sattva*. La mente es otro de los nombres que se aplica al *prana*, mientras que las acciones ocurren de acuerdo a las modificaciones mentales.

La consciencia que conoce la mente depende del *sattva* y no es independiente por sí sola. Así como el despertar dentro de un sueño es falso, lo que llamamos el estado de vigilia también es visto como irreal por *Paramatman*. Aunque perdure un siglo, el estado de vigilia no se torna verdadero. Esta falsa experiencia del mundo permanece mientras el *sattva* está sano y se encuentra en buen estado.

Al principio, está el conocimiento de «yo soy», seguido del conocimiento del Sí mismo. Este conocimiento nos conduce más allá de la consciencia y nos libera de la esclavitud de los conceptos.

Solo entonces se adquiere la verdadera convicción de que el nacimiento es un sueño, y de que todos los sucesos de la vida no tienen ninguna consecuencia para mí. Solo revisten algún significado para quienes creen en el nacimiento. «Aunque se dice que he nacido, para mí es una experiencia falsa». Esta experiencia de nacimiento es la que actúa en el mundo. Yo solo soy el testigo inmutable de las actividades de los millones de personas que aparecen tanto en el estado onírico como en el sueño que llamamos estado de vigilia. Para resumirlo, todo lo que percibimos es falso e ilusorio.

La propia sensación de ser es la causa del sufrimiento. En el vientre materno y en lo que respecta al bebé, la sensación de ser estaba ausente y, por consiguiente, también la infelicidad. El *jnani* lo sabe y, por ese motivo, recibe el nombre de *jivanmukta*: el que es completamente libre aun en vida. Para él, todas las apariencias son solo el sueño que denominamos estado de vigilia. En consecuencia, no se ve afectado ni se preocupa por ellas.

38

La muerte
es el olvido de la consciencia

Para la criatura viva, ser mujer u hombre no es sino un fenómeno provisional. ¿Cómo podría ser esa su naturaleza real? Conocemos el tiempo gracias a nuestra consciencia, pero este conocimiento no es permanente. Incluso la duración de la vida es un acontecimiento en el tiempo provocado por la sensación de hallarse en un cuerpo. El tiempo en sí no es uniforme a lo largo de cada jornada, sino que cambia del atardecer al amanecer.

Sin embargo, creemos de manera firme que es nuestro aquello que le pertenece al cuerpo. Pero el hecho es que ni siquiera somos el cuerpo. De igual modo, la naturaleza siempre cambiante del cuerpo humano desmiente la creencia sólidamente arraigada de que somos el cuerpo. Al fin y al cabo, el cuerpo, que es el alimento del *prana* o la consciencia, es el producto de la comida que consumimos. El cuerpo sostiene nuestra sensación de ser y fomenta la experiencia de que existimos; es decir, la sensación de que «yo existo». Esta sensación es, en sí misma, una lámpara de cognitividad, encendida y sostenida por la esencia del alimento que comemos y digerimos. Pero esa luz solo permanece encendida durante un tiempo limitado.

El bebé nace con total ignorancia y, a medida que crece, va adquiriendo el conocimiento que le proporciona el mundo, un conocimiento que puede perdurar durante cien años. Sin embargo, cuando las células cerebrales se deterioran debido al proceso de envejecimiento, va menguando y decayendo, y los recuerdos también se desvanecen. Al final, lo único que permanece con la persona es la ignorancia que acompañaba al niño desde su nacimiento. Incluso el conocimiento de ser se debilita y finalmente desaparece; el cuerpo-alimento, que fue creado y nutrido por la comida, también termina. A causa del envejecimiento y la consiguiente debilidad, la consciencia o *prana* deja de funcionar correctamente y también lo hace la condición del *sattva*, afectando negativamente a la calidad de la consciencia. El anciano olvida todo y finalmente la consciencia se olvida de sí misma. Esto es lo que llamamos muerte.

Pero, en realidad, nadie muere. Lo que ocurre es que uno pierde la memoria de ser o la consciencia de que existe. Para entenderlo, uno debe meditar en su auténtica naturaleza, que es el Sí mismo. En este caso, la meditación significa recordar de continuo lo enseñando y dicho por el *Guru* –«Yo no soy el cuerpo, sino la consciencia, que es *Ishwara*»–, morando en la firme convicción de que uno no es el cuerpo, sino que está unido a *Ishwara* sin interrupción alguna. En esto consiste la verdadera *sadhana* o meditación. Dado que el cuerpo sigue funcionando hasta el día en que ya no puede consumir más alimentos y digerirlos, uno debe simplemente hacer uso de este cuerpo para recordarse a sí mismo que no es este cuerpo, sino *chaitanya* o la consciencia universal que se manifiesta a través de él. De hecho, debemos reflexionar de manera constante en la comprensión de que «todo lo que puedo utilizar (u objetivar) no soy yo». Recuerde siempre que consciencia es el *Guru* o *Ishwara.*

Aquel que comprende que todo conocimiento, incluida la cognitividad o el conocimiento del ser, es transitorio y está esencialmente arraigado en la ignorancia primordial, es el conocedor del verdadero *jnana.* Esta comprensión necesaria, denominada *vijnana*, solo es posible si uno se halla en el cuerpo. Cuando amanece dicha comprensión suprema, se ofrece este cuerpo al Sí mismo y, fusionándose con él, uno se libera de los efectos de los *karmas.* Esa persona no considerará que el sufrimiento o el regocijo del cuerpo le pertenecen, ni se verá afectada por ninguno de ambos. Esta comprensión suprema se adquiere gracias a la discriminación. Es así como uno alcanza la paz, la sabiduría y la inmortalidad.

El alimento que ingerimos se conoce como *Brahman.* La unión de palabra (*bra*) y ser (*hami*) constituye el término *Brahman.* Cuando uno ya no es el hacedor, sino tan solo el testigo, todas las acciones son ofrecidas a *Brahman.* Esa persona no se opone a nada, ya que no se ve afectada por los efectos de sus acciones. El canto de cualquier mantra o la realización de una penitencia son necesarios siempre y cuando no se reconozca la fuente de la consciencia, pero no después. El conocedor de la consciencia va más allá de esta. Ese es el estado del sabio que se denomina *vijnana.* Entonces se tranquiliza completamente.

39
La sensación de ser
es un signo de lo inmaculado

En su inmortal libro *Dasbodh*, el sabio maharashtriano Sri Samarth Ramadas destaca la grandeza de los autores místicos llamándolos «ríos de sabiduría». Un poeta místico es capaz de recoger en un hermoso lenguaje el significado sutil de las palabras relacionadas con el conocimiento.

En la literatura védica, se dice que el poeta es Bhagavan o el Dios de las palabras. Los *Vedas* escritos por él son de origen divino. Todas las operaciones del mundo ocurren gracias al significado de esas palabras. Imagine, ¿podría alguien alcanzar algún progreso espiritual sin la ayuda de las palabras? Estas se utilizan para comunicar el conocimiento y las enseñanzas. Las personas se entienden a través de las palabras que se transmiten entre sí. El poeta es una encarnación de las palabras: el poeta no puede ser separado de su poesía, dado que su encarnación es simultánea. El poeta es como el Señor Narayan, que se expresa a través de los *Vedas*. El poeta y las palabras se han unido para otorgarnos los *Vedas*. Incluso la sensación de ser que experimentamos se expresa en la mente con las palabras «yo existo».

Este universo es un poema escrito por el poeta divino, que

es omnipresente y no una entidad individual. El Señor Krishna y todos los sabios de antaño eran esencialmente poetas. Pero estos poetas no son individuos, sino expresiones de la omnipresencia.

Usted también es una mera expresión de la poesía escrita por ellos. Sus poemas nos hablan de *jnana*, el camino de la liberación, y de cómo debemos cuidarnos. Si no fuera por esta poesía, uno ni siquiera sabría qué es la iluminación y el modo de conocerla. Toda la manifestación es captada por nosotros a través de las palabras que no son más que una mezcla de conceptos. El poeta lo describe como si creara su imagen a través de las palabras.

Shravana o el acto de escuchar puede ser causa de esclavitud, pero también de liberación. Hay un poeta en su interior para guiarle hacia la acción, la religión, la meditación y el *jnana* adecuado.

Cuando escuchaba a su madre, recibió el concepto de lo que aparenta ser. Y al escuchar las palabras del *Guru*, recibe el conocimiento de quién es realmente. Es como si su vida estuviese dirigida por una historia. La acción de su madre de otorgarle un nombre y la enseñanza que obtiene en la vida no son más que una historia.

Los textos religiosos son guías y también normas que rigen nuestra vida en sociedad. El *prana* es un poeta, ya que sin *prana* no hay vida y, por tanto, no hay historia. La correcta investigación de la historia lo libera a uno de los conceptos erróneos.

Cuando una preocupación aparece en la mente, solo ocurre por medio de las palabras. Y la solución del problema también arriba en forma de palabras. Cuando la persona realiza su verdadera naturaleza, gracias a discriminar entre lo irreal y lo verdadero, este proceso implica el uso del lenguaje y las palabras, lo cual también es poesía. El reconocimiento de esas palabras de sabiduría le otorga a uno la iluminación y la liberación, siempre que sea capaz de captar el significado transmitido por los sabios y sus palabras de sabiduría.

Conocer perfectamente a un poeta significa conocerse a uno mismo. Su sabiduría hace aflorar al poeta que reside en su interior. Los diversos credos y costumbres del mundo también son creaciones y un flujo de conceptos procedentes de los poetas. Ningún conocimiento es permanente. Lo que permanece es *Parabrahman*, el cual no tiene deseos, es libre y solo es útil para sí mismo.

Nuestra sensación de ser es un signo de lo inmaculado. Aferrarse a esa consciencia le redime de la esclavitud. Ese es el secreto de *jnana*. Desde el punto de vista de la realidad, toda la existencia es grande, pero no es ni un «sí» ni un «no». Todo está inmerso en un campo ilusorio. Solo puede aferrarse a su consciencia para darse cuenta de lo que es inmaculado.

40

La atención a la consciencia
es atención a Dios

En su monumental libro, escrito en maratí y titulado *Dasbodh*, el sabio Samarth Ramadas se refiere al cuerpo humano con comentarios despectivos, tildándolo de inmundicia y describiéndolo como basura. Pero, en el mismo libro, Swami Ramadas también afirma que el cuerpo humano es el camino hacia Dios. ¿De dónde nace esta contradicción?

Si se les proporciona buen abono o compost de materia orgánica fermentada, se producen frutas y hortalizas de gran calidad. Aunque, desde nuestro punto de vista, no es más que suciedad, sin embargo, el abono producido a partir de esta basura suministra a las plantas un excelente alimento y les ayuda a producir frutas y verduras de buena calidad. Las plantas, en otras palabras, producen muchas cosas buenas simplemente a partir de la inmundicia.

No hay nada en el cuerpo humano que no sea basura. Desde el nacimiento hasta la muerte, el cuerpo solo produce impurezas. Cuando se contempla este hecho, se pierde el interés por el cuerpo y sus asuntos. Esto es lo que se denomina *vairagya* o desapego respecto del cuerpo y los objetos mundanos. El noble propósito de controlar el cuerpo humano, solo tiene por objetivo inculcar la perspectiva correcta en el aspirante que busca la Verdad, sirviendo para disminuir nuestra complacencia con el mundo y atraerlo a la consciencia que reside en nuestro interior. Esta consciencia no es otra cosa que *Ishwara*.

El cuerpo humano es absolutamente imprescindible para el conocimiento. Esta es una estupenda noticia para el *Parabrahman* que habita en nuestro corazón. Es el mismo cuerpo el que nos permite conocer su auténtica naturaleza. El genuino conocedor de esto es el Señor que mora en el cuerpo. De ese modo, a pesar de su condena inicial, el sabio Ramadas también alaba al cuerpo humano.

Debemos reconocer que esta consciencia es la misma ignorancia infantil con la que iniciamos nuestra vida. El único capital que tenemos con nosotros es la completa ausencia de conocimiento correcto. Nuestra existencia ha sucedido por sí misma, sin nuestro esfuerzo ni nuestro consentimiento. El mundo funciona de manera perfecta y espontánea. Se conoce a todos como individuos debido al fenómeno de la apariencia de la dualidad. Pero esta separación no es más que una apariencia causada por la ilusión o *Maya*. En realidad, no existe la dualidad. De hecho, solo existe *Paramatman*, a cuya luz parece existir este mundo.

Buscando la felicidad del *Atman*, usted ha inventado numerosos temas relacionados con la vida y la filosofía, pero ninguno de ellos le proporciona felicidad o paz duraderas. Para eso, debe descubrir la fuente de la cognitividad espontánea que usted siempre experimenta y reconocer la raíz de la existencia.

Tiene que buscar la fuente de su cognitividad a través de la cual comenzó su interés por la vida, así como los miedos y las dudas que aparecen en el transcurso de la misma. Si desea encontrar la liberación respecto de los apegos del mundo y de los miedos y dudas que surgen de él, debe ser consciente del amor hacia sí mismo en todo momento.

Cuando hay un ser puro carente de cualidades, usted es el Absoluto que se absorbe en la esencia divina. El cuerpo, que es el producto de la ignorancia, está esclavizado por sus hábitos y su comportamiento.

Usted recibió el autoconocimiento del *Guru* debido al juego de los tres mundos. Su consciencia es el *Atman* o el alma de *Ishwara*. Eso es lo que usted es en realidad. Cuando alberga esta convicción, pierde totalmente el orgullo y el ego. Como no hay creador, tampoco puede haber destructor.

41

Este es el *yoga* del residente

Cualquier cosa comprendida por la mente y efectuada por el cuerpo es material. El tema de este capítulo es aquello que está exento de los objetos mundanos procurados por los deseos y apegos. Lo que tratamos aquí es el *Brahman*, el cual está más allá del sujeto. Es difícil actuar como *Brahman*.

No puede ser tocado por los sentidos, ni puede ser captado por la mente. En este dominio, nadie es superior ni inferior, lo cual se ubica en el campo del complejo cuerpo-mente, pero está ausente en el Sí mismo. Aquello de lo que hablamos está más allá de todo eso. Las acciones y plegarias que llevamos a cabo están en consonancia con dicha comprensión. Los *bhajans* o las plegarias que se efectúan aquí pertenecen al *Sadguru*, que es verdadero y eterno. ¿Qué significa una plegaria? Es la confirmación de la Verdad que hemos hecho nuestra a partir de las palabras del *Guru*. Estas palabras son el evangelio de la Verdad. Incluso nuestras acciones en el mundo están guiadas por las palabras del *Guru*. Las enseñanzas del *Guru* no pueden ser interpretadas con nuestro pensamiento mundano, ya que solo estamos en condiciones de aclarar aquello que podemos entender.

El lugar donde se originan las palabras del *Guru* no tiene principio, medio ni final. Carecemos de la experiencia de estar en compañía de lo verdadero y lo eterno. Estas enseñanzas son inmortales y trascienden la comprensión ordinaria. La firme creencia de que usted es su cuerpo dificulta que capte la realidad señalada por el *Guru*. La consecuencia es que vivimos en el mundo y olvidamos nuestra genuina naturaleza.

Quienes deseen convertir en experiencia propia la Verdad enseñada por el *Guru* deben empezar por creer firmemente en sus palabras. El *Guru* afirma que usted no es la persona que cree ser. Usted es *Brahman*, la Consciencia Universal, en la que su personalidad constituye una mera apariencia. Este camino es, por tanto, la cognitividad de la consciencia pura que habita en todos nosotros o el *yoga* del residente. La identificación con el cuerpo conduce a *viyoga* o la separación de esta realidad. Para reconocer el Sí mismo, nuestra unidad con él debe ser evidente para nosotros.

Como excusa para eludir este sendero de conocimiento, la gente aduce muchos obstáculos. Pero estos obstáculos son creados por la mente y no existen al margen de ella. Nuestros propios conceptos nos guían erróneamente. Por ejemplo, la identificación con el cuerpo es un concepto que surge solo a partir de la ignorancia de nuestra verdadera naturaleza. Este concepto equivocado da lugar a todo un universo lleno de conceptos incorrectos. Nuestra sensación de ser contiene el genuino conocimiento. Pero, en lugar de identificarnos con él, nos identificamos con el cuerpo.

Nuestra cognitividad, la sensación de ser, es la pista que nos permite encontrar el remedio para esta enfermedad. El *Guru* nos conduce desde este indicio hasta nuestra verdadera naturaleza.

Este es el mantra o las palabras de la enseñanza impartida por el *Guru*. El despertar solo ocurre cuando el discípulo capta el significado interno de las palabras del *Guru* y conoce el contenido de su revelación por propia experiencia. Una vez que han cumplido su función, las palabras del *Guru* desaparecen. Esto es lo que ocurre cuando uno se instala en la eseidad y sabe lo que es.

A medida que se consolida esta experiencia, la comprensión de nuestra verdadera naturaleza se afianza aún más, revelando su carácter atemporal. A la postre, no es el conocimiento, sino el Tiempo el que encuentra su final. Y, con el final del Tiempo, también se desvanece el miedo a la muerte, ya que este miedo se debe a la ignorancia que se disipa con el despertar. El miedo a la muerte se origina en la ignorancia, si bien, para el *jnani*, no hay muerte; su consciencia se vuelve no consciente. Cuando uno se instala en la eseidad, se tranquiliza y el significado de las palabras del *Guru* se clarifica. Entonces se revela nuestra existencia, la cual es anterior a las palabras.

No basta con escuchar al *Guru*, sino que usted debe ser transformado por su mensaje. Su mente debe perder la influencia que tiene sobre usted dejando de lado la identidad corporal. Tiene que estar libre de la influencia de las palabras, ya que son estas las que controlan sus erróneos planes para el futuro.

La personalidad es un conjunto de virtudes y rasgos o *gunas*. Pero el conocimiento de las palabras del *Guru* hace que estas *gunas* se vuelvan *nirguna*; es decir, libres de cualidades. Sin embargo, no basta con escuchar las palabras del *Guru*, sino que hay que conocer la Verdad que hay detrás de esas palabras y experimentar su significado interno mediante el análisis propio y la experiencia directa. Para que esto ocurra, deben disminuir el apego al cuerpo y la firme creencia en los dictados de la mente.

Quien ha llegado a comprender su verdadera naturaleza se eleva por encima del cuerpo, la mente y el *prana*, venciendo los efectos negativos del pasado, el presente y el futuro. Esa persona se percata al instante de su verdadera naturaleza.

El ignorante es controlado por las palabras que escucha, pero el *jnani* tiene la convicción de que no es ni el cuerpo, ni el aliento vital, ni la mente y ni siquiera la consciencia. Por lo tanto, no tiene ni pasado ni futuro. El testimonio es algo que le sucede siempre en el *ahora*. Sabe que todas las palabras proceden del *Sadguru* y que él es el responsable de cada suceso. El *jnani* afirma que no hace nada.

42

Creer en las meras apariencias es síntoma de ignorancia

Lo que está dentro del cuerpo es el testigo del cuerpo, es decir, la consciencia. Para conocer la consciencia residente, uno debe abrazarla y reconocerla. Esa es la primera cognición que necesita el *sadhaka* o aspirante al autoconocimiento. Cuando el *sadhaka* asume el punto de vista de que la consciencia interior es el Sí mismo, la consciencia del cuerpo palidece gradualmente. Con el tiempo, la consciencia es considerada la Verdad, mientras que lo percibido a través de los sentidos es ignorancia. Todo lo que se percibe a través de los sentidos son meras apariencias en la pantalla de la cognitividad o la consciencia que reside en nuestro interior. Uno debe conocer esta consciencia mediante la absorción total en ella. La identificación con la consciencia elimina la identificación con el cuerpo.

El que siente su propio cuerpo y mente sabe que existe. Esta es la cognitividad o la sensación de ser, la cual emerge debido al cuerpo y a la mente, viéndose sustentada por ellos. El aspirante al *jnana* debe tomar de entrada este conocimiento como su propia naturaleza. Con esa presuposición, aunque incorrecta, el que prosigue con la *sadhana* se da cuenta poco a poco de que el cuerpo y la mente no son en absoluto nuestra verdadera naturaleza, sino meras apariencias. Y la creencia en las meras apariencias no es conocimiento, sino un síntoma de ignorancia. Es un síntoma de ignorancia considerar que las apariencias son reales. De ese modo, nos involucramos en lo que vemos, ignorando la fuente o la causa de las apariencias.

En lugar de tratar de descubrir aquello que hace posible tanto nuestros sentidos como nuestros modos mentales, nos interesamos por lo que está siendo percibido. Pero todo lo que es perceptible perecerá con seguridad con el paso del tiempo. Esta es la característica de todos los objetos. ¿Cómo pueden ser la Verdad las cosas que aparecen y desaparecen?

La percepción del mundo debe su existencia a nuestra sensación de ser. Sabemos que existimos y, por tanto, somos capaces de ver el mundo. Esta consciencia se origina en la ignorancia del niño. La palabra ignorancia quiere decir carecer de conocimiento o *ajnana*. La fruta verde no puede ser dulce. Este es también el estado de la ignorancia-infantil.

El bebé no distingue entre el sabor de la leche y el del barro. Ambos le saben de igual modo. Solo posteriormente, a medida que el niño crece y se desarrollan las papilas gustativas, la leche empieza a saber mejor y el barro se vuelve desagradable. Al igual que el barro empieza a saber mal y la leche resulta poco a poco más deliciosa, la ignorancia originada en la visión del mundo cambia y su lugar lo ocupa el conocimiento. Con el tiempo, así como el bebé empieza a reconocer a su madre, la ignorancia sigue transformándose en conocimiento. Entonces se desarrolla el conocimiento de la existencia, el cual conduce al amor hacia uno mismo. Esta es la ignorancia primordial o *mulamaya* que es responsable de este mundo. Aunque la consciencia que ha aparecido de repente es santa, noble y hermosa, es temporal.

Si bien la sensación de ser es la causa de la manifestación y la raíz misma de la existencia, no es eterna, sino que es tan transitoria como la apariencia del universo, percibida por el cuerpo y la mente. Al igual que la fruta verde termina madurando y se desprende de la rama del árbol, la ignorancia se convierte en conocimiento y ambos terminan por llegar a su final. Así como la ignorancia se desvanece, el conocimiento tampoco perdura de manera permanente. Lo único que es eterno y verdadero es el Sí mismo, que es anterior a todo. Nuestra verdadera naturaleza es eternamente inmutable y anterior a todo lo que aparece y cambia. Esta verdad debe ser conocida en el interior y este es el único propósito de la espiritualidad y la justificación de nuestra existencia. Es nuestro deber conocer que la Verdad es nuestra auténtica identidad.

Después de deshacerse de la ignorancia, el conocedor de la consciencia se convierte en la consciencia misma. A la postre, va más allá de la consciencia y se convierte en *jnani*. Posteriormente, pierde su ego y descansa en su estado más natural. Entonces es apto para convertirse en lo que predica.

Para alejar la ignorancia y conocer la verdad enseñada por el *Guru*, hay que morar de manera constante en sus enseñanzas. El conocedor de la Verdad reconoce inicialmente lo que es falso y así se expone a lo que es la Verdad. En última instancia, nuestra verdadera naturaleza no es ni el conocedor ni el ignorante, sino el testigo inmutable de ambos. En eso, no hay conocimiento ni no conocimiento. Todo ello solo tiene lugar debido a la gracia del *Guru*.

El *jnani* sabe que su *jnana* también es de breve duración. Lo que ha aparecido de repente, también está destinado a desaparecer en un instante. Por lo tanto, por la gracia del *Guru*, la consciencia es entonces conocida como una mera molestia. Este genuino conocimiento pone fin a toda perturbación. Esta es la bendición del *Sadguru*.

43

¿Qué es la meditación?

Vijnana quiere decir trascender el *jnana*, esto es, el conocimiento de lo que disfrutamos o experimentamos. El significado más sencillo de *vijnana* es no conocimiento. El *jnana* o conocimiento concluye a la postre en *vijnana*, el conocimiento del Sí mismo. El conocedor de *jnana* existía incluso antes de la acción de conocer. La diferencia ahora es que también nacen las facultades de escucha, visión, olfato y demás, dando lugar al estado de vigilia: *avastha*. La palabra *avastha* implica que no existía anteriormente, sino que termina de aparecer. Al ser transitorio, surge durante un tiempo limitado.

Aquello en lo que hay un cambio constante se denomina *avastha*. Por tanto, aunque es conocido y experimentado, es la ignorancia en sí. Aun cuando lo sepamos, seguimos creyendo que es real, vivimos según sus dictados e intentamos protegerlo y perpetuarlo. Lo que no comprendemos es que, si fuese eterno por naturaleza, no necesitaría protección. Casi adoramos nuestra consciencia para protegerla. ¿Cómo puede ser esa nuestra verdadera naturaleza? Debe ser la consciencia la que ilumina y preserva esto en su totalidad.

El cuerpo ha de ser protegido, ya que es el sostén y el alimento del *prana*, la fuerza vital. Esta combinación de cuerpo y fuerza vital da lugar a la sensación de ser. El conocedor de esto no ne-

cesita protección y existirá por siempre... Aquello que procrea
la vida, ya estaba presente antes del nacimiento, permanece durante nuestra existencia y seguirá subsistiendo después de que
la vida haya terminado.

Es una tontería tratar de perpetuar este cuerpo, así como la
sensación de ser, y confundirlo con nuestra verdadera naturaleza.
A la postre, esta sensación de ser, que es sostenida por el cuerpo
y la mente, perecerá y solo permanecerá el estado eterno de la
consciencia pura no dual, que es de hecho el estado de desco-
nocimiento. El conocedor de la consciencia es anterior a dicha
consciencia, siendo puro y libre en todos los aspectos.

Sabemos que la aparición del mundo exterior se debe a nuestra cognitividad. Pero ¿cómo se manifiesta esta? Aparece en el
estado de vigilia. Y, junto con la aparición del estado de vigilia,
también emerge el universo, y con él surgen el espacio y el tiempo. El estado de vigilia es el resultado de la dicha de la unión
entre lo masculino y lo femenino. En el espacio y el tiempo, los
objetos hacen su aparición proyectando el mundo en los órganos sensoriales. Pero el espacio y el tiempo no son eternos, sino
que están limitados a un único estado o intervalo. Este intervalo
dura una vida, la cual viene marcada por el movimiento del sol,
todo lo cual se halla dentro del ámbito de la limitación. Por tanto,
nuestra consciencia o atención se debe a la existencia del sol. El
sol es transitorio y tiene un final, y lo que es transitorio no puede
ser testigo de lo que es estable e inmóvil.

¿Cómo puede una entidad limitada presenciar, percibir o eva-
luar el Sí mismo infinito? El único activo del estado de vigilia es

la cognitividad, la experiencia y la sensación de que uno existe. Pero esta sensación de ser se desvanece con el tiempo. Con ello, espacio y tiempo también dejan de aparecer. Cuando la cognitividad está ausente, no aparece nada. Por eso, el mundo emerge con el conocimiento.

Vijnana o el conocimiento del Sí mismo implica saber que la mera sensación de ser no es nuestra verdadera naturaleza. Una vez que se disfruta de la sensación de ser, se establece firmemente la apariencia del mundo, con lo que la entidad, o la noción de *mí* y *mío*, arraiga profundamente. En cambio, cuando surge el *vijnana*, se desvanecen los conceptos de *mí* y *mío*. Los sabios aconsejan no limitarse a mencionar las palabras, sino discriminar en silencio en nuestro interior investigando la propia mente. Mientras haya estado de vigilia aparecerán muchas cosas, y todas ellas nos parecerán muy reales. Es el *vijnana* el que nos muestra que el *jnana* es una ilusión.

Solo entonces la sensación de ser, la fragancia de la consciencia de que «yo existo», impregna el ser que se le aparece a este *jnana*. Todos los deseos de los *jnanis* se satisfacen al instante cuando conocen su propia naturaleza inmutable y verdadera. Incluso se desvanece el deseo de conocer la propia naturaleza, lo cual solo es posible por la gracia del *Sadguru*, el que muestra la fuente de este conocimiento supremo. El verdadero conocimiento de la consciencia elimina los conceptos de *mí* y *mío*. Por ello, los sabios nos aconsejan permanecer en silencio e investigar la realidad de la mente.

Para recibir la gracia del Maestro, uno debe meditar en la deidad de su elección. Dicha meditación estabiliza a la persona y la orienta hacia el Sí mismo interior. A la postre, esta práctica permite que la gracia y las enseñanzas del Maestro desciendan sobre él. Solo entonces se da cuenta de la auténtica fuente de su sensación de ser. Este aspirante al *jnana* es entonces liberado de todas las limitaciones que hasta ahora lo han atado a la ignorancia, siendo liberado mientras vive en el cuerpo.

Cuando experimentamos la fragancia de nuestro ser, eso significa que Vasudeva o Dios habita en nosotros. En maratí, *vasu* quiere decir «fragancia» y *deva* significa «Dios». Solo el *jnani* es capaz de reconocer dentro de sí mismo al Señor. Con este conocimiento, se cumplen todos los deseos, incluido el deseo de realizar o conocer el *Atman*.

Para que esto ocurra, se necesita la gracia del *Guru*, ya que esta revela el origen de la consciencia, lo cual exige la meditación en una deidad de nuestra elección. Poco a poco, la consciencia se torna estable, atrayendo y emulando, por un lado, las cualidades de la deidad que se está adorando y, por el otro, del *Sadguru*. Esto conduce al conocimiento de la fuente de la consciencia.

Entonces, aun estando en el cuerpo, la persona se libera de todos los conceptos y experiencias. Esta es la estabilización de la verdadera sabiduría, que hace que uno se convierta en *stitaprajnya* o el que está establecido en la sabiduría. El *jnani* sabe que el nacimiento no es más que el testigo de la vigilia, el sueño y el hambre. El testigo aparece, pero está destinado a desaparecer con el tiempo. Sabe lo que significa el nacimiento y la muerte. Para él, es solo un juego. Sabe que lo que actúa es la consciencia, la cual se ha manifestado debido a la unión de lo masculino y lo femenino.

44

La vasta consciencia
está más allá de nuestra atención

Al igual que el árbol carece de utilidad para sí mismo, el *jnani*, cuya mente se funde en la consciencia no dual, no vive para sí mismo, sino que se transforma en *nishkama Parabrahma*, el Señor del universo carente de deseos. Para desear, debe haber dos: uno que busca algo y otro que es el objeto buscado. ¿Qué deseo puede surgir en el *jnani* en el que desaparece cualquier concepto de alteridad? ¿Y quién se da cuenta de que todo es Uno? El *jnani* no percibe que ninguna manifestación o el mundo exterior sean diferentes de sí mismo.

¿Cómo se produce la consciencia no dual? Para esta persona, su punto de vista trasciende el estado de individualidad y accede al estado de *chaitanya*, la consciencia pura y no dual, donde no hay ningún otro que sea consciente que no sea la consciencia pura. Mientras se halla en el estado de dualidad, solo percibe caos a su alrededor. Por otro lado, en el estado de realización de su verdadera naturaleza, su sensación de ser se sume en una inmensa paz. Todos los deseos que surgen a causa de que queremos algo se extinguen ahora para siempre. Donde no hay otro, ¿quién codicia qué? Iluminado es aquel que alcanza ese estado de ausencia de deseos. Entonces el conocimiento se torna completamente silencioso y todas las necesidades tocan a su fin. Incluso llega a su final el deseo de existir como un ser humano, lo cual es el estado de *Parabrahman*.

¡Mientras usted crea que lo conoce, no lo conoce!

En esta era malvada del *kaliyuga*, la era de la oscuridad, no hay ningún acontecimiento que no produzca desarmonía o caos. No busco el aplauso, la felicitación o el reconocimiento de nadie. La palabra *Sadguru* quiere decir el que lo absorbe todo y lo representa todo. Yo soy la personificación de las palabras de mi *Sadguru*, por cuya gracia mis propias y sencillas palabras dimanan una profunda sabiduría. Mis charlas no necesitan la autentificación de las escrituras ni la certificación de ningún erudito.

Si mis charlas necesitan ser autentificadas o probadas, considérelas falsas. El buscador no se beneficiará de esas instrucciones y no me conocerá. Mi verdadera naturaleza es incognoscible incluso para Shiva. El torbellino de *Maya*, la ilusión, me rodea, pero no me afecta. Aquel que es el creador de la disolución cósmica final, el Señor Shiva, tampoco puede dañarme.

Mientras existe la dualidad, hay miedo. Solo hay dualidad cuando hay conocimiento. Cuando se asienta el conocimiento, existe la realidad. La búsqueda termina cuando lo señalado por el *Guru* es conocido por propia experiencia directa. Eso, de hecho, es *Advaita* o no dualidad. Mi propia existencia está siempre ahí, sin verse perturbada por nada. Por lo tanto, no me gobierno por las normas de la sociedad. No encuentro ninguna necesidad de observar las reglas, como tampoco de romperlas.

Chaitanya, la consciencia universal, carece de forma. La sensación de ser puede permanecer o no. Cuando la sensación de ser aparece en el cuerpo junto con el dinamismo de la consciencia, asumimos que el cuerpo es nuestra naturaleza. Esta noción errónea no es su rasgo original. Debido a la fuerza del hábito, esta noción errónea ha dado lugar a las nociones del *mí* y lo *mío*. El universo funciona con la energía de la consciencia. Aunque aceptamos que el cuerpo y la mente son nuestra naturaleza, ¿nos esforzamos de algún modo para crearlos?

¿Es este mi nacimiento? ¿Es solo un recuerdo? ¿Es una señal de la unión de *Prakriti* y *Purusha*? El conflicto entre los cinco elementos ha ocurrido siempre. Nuestra experiencia de los problemas no tiene forma, al igual que *Prakriti* y *Purusha*. La consciencia y la bienaventuranza carecen ambas de forma. Por lo tanto, el problema que surge de la consciencia-bienaventuranza debido a la unión del principio masculino y femenino también carece de forma.

Nos olvidamos de nuestra consciencia, no porque sea limitada, sino porque es vasta. Cuando nos olvidamos de nuestro cuerpo, accedemos al verdadero descanso, como en el sueño profundo. Cuando la consciencia y la mente se absorben en alguna actividad, estamos tranquilos, aunque estemos completamente despiertos. No hay ninguna perturbación causada por ninguna palabra o pensamiento; la mente se olvida.

Sabemos lo que «somos» cuando tenemos un cuerpo. Y la misma claridad debe ocurrir cuando no está el cuerpo. Este conocimiento se ubica más allá del intelecto. Debemos reconocer que, en realidad, nosotros estamos ausentes y que lo que está presente es la noticia de nuestra existencia.

Alabamos a *Ishwara*, pero él también tiene deseos. Solo el *Sadguru* permanece libre de estos. El ojo del conocimiento en la apertura de *Brahman* parece estar abierto y activo. Dado que mi verdadera naturaleza es invisible, es imposible que se torne visible. Hablo mucho de mí mismo, pero, en realidad, no me conozco.

45

La adoración del Sí mismo
conduce a la iluminación

Sabiendo que la persecución de los deseos es una locura, el buscador de la Verdad se desinteresa de las necesidades y los deseos. Lo que estamos exponiendo aquí es el aspecto más elevado de la espiritualidad. En el sendero de la Verdad, no sirve de nada la ayuda de nadie. Hasta que uno no se percata de que los deseos causan esclavitud, está enredado en ellos. Solo cuando comprende este hecho, usted pierde el interés por los deseos.

El estado original, que es anterior a la consciencia, permanece sosegado y libre de perturbaciones hasta que el cuerpo-alimento adviene a la existencia. La sensación de ser surge en el estado conocido como nacimiento. El cuerpo humano no es más que el alimento que consumimos. El surgimiento de la persona ocurre de manera inconsciente durante el sueño o en la ignorancia. En cierto modo, el conocimiento del *Brahman* es también ignorancia, a menos que se trate de la realización del *jnani*. El verdadero despertar debe estar basado en un fundamento tan sólido que nada debería poder sacudirlo. El genuino despertar está libre del concepto erróneo de que uno es un cuerpo y una mente. La devoción sincera al Sí mismo interior conduce a la liberación.

Aunque el Sí mismo no está atado a nada, la persona encarnada ha de observar las normas relativas a la salud y la sociedad.

La consciencia del *jnani* es universal, siendo idéntica para todos. ¿Cómo se puede tener un cuidado especial para protegerla? Debido a su plenitud y su vasta naturaleza, el Sí mismo no tiene necesidades. No utilizo las cosas del mundo con apego ni con desapego.

La persona dotada de nombre no es más que la personificación de las tres *gunas*. En todas las religiones del mundo no hay sino entretenimiento o conflicto. La mente sigue aferrándose a las historias que se escucharon o se leyeron en alguna parte y mata el tiempo de ese modo. Las tres *gunas* dirigen las actividades de este mundo, y los seres humanos no tienen ningún papel en ello.

46

Todas las ideas
se fusionan y pacifican

No hay sufrimiento hasta que uno no enferma. El sufrimiento comienza cuando la enfermedad se apodera del cuerpo. En nuestro caso, es como si el *Parabrahman* se viera afectado por la enfermedad llamada conocimiento. Por esa razón, deben respetarse las reglas y regulaciones del mundo. La semilla de esta enfermedad llamada conocimiento es la *mulamaya* o ignorancia primordial. Y el remedio para dicha enfermedad reside en la comprensión adecuada de este hecho.

Si uno asume que el cuerpo es su naturaleza, esto trae consigo la esclavitud y el sufrimiento resultante. Es pueril imaginar que la experiencia del mundo nos granjeará buenos resultados. De hecho, a usted no le preocupan los aspectos positivos o negativos del mundo. Lo que es creado no es sino ignorancia. ¿Puede esa ignorancia, por más profunda y atractiva que resulte en apariencia, ser considerada el conocimiento eterno? Ni siquiera Dios tiene autoridad alguna si usted no está presente en tanto que *jiva*. Cuando nace como un cuerpo, la divinidad nace junto con ese cuerpo. Dios complace sus deseos haciendo que usted sea incapaz de detenerse. Pero todo esto se ubica en el ámbito de la imaginación. Puede refugiarse en Dios y buscar el significado de su «yo», o bien puede refugiarse en este «yo» y buscar a Dios. Ambos son uno y el mismo.

Nadie le llamó para que despertase, sino que se despertó por su cuenta. ¿Qué ha ocurrido exactamente? Sucede que el conocimiento del ser, que estaba latente, se ha revelado ahora. De ahí que los conceptos de tiempo y consciencia no sean diferentes entre sí. Las cosas cambian rápidamente con el paso del tiempo. Y nuestra respuesta también cambia con el tiempo, con lo que tiene lugar la respuesta que es apropiada para ese momento. Nada se hace a propósito. No se sienta orgulloso de ninguna acción o acontecimiento de su vida, pero tampoco se sienta frustrado. Analice su existencia y descubra su ser eterno. Entonces todos los pensamientos se unificarán para ir disminuyendo y tranquilizándose. La materia alimenticia, cuya cualidad es la consciencia, se manifiesta como cuerpo. Entonces se dará cuenta de que Dios también reside en el cuerpo. Ese conocimiento amanece de manera espontánea.

¿No es la consciencia la fuente de la bienaventuranza? Debemos considerar como bienaventuranza incluso la experiencia del sufrimiento. El *jnani* es el conocedor de la consciencia. Preste atención a su individualidad y a las tendencias que le causan angustia.

47

Vea también el Sí mismo en los demás

El *jiva* o la persona viva es, de hecho, consciencia. En virtud de esto, él o ella es divino. El cuerpo solo es la forma que es un producto de la acumulación de alimentos. La esencia del alimento se plasma en la forma del cuerpo, y en ella reside *Ishwara* o el conocimiento del ser. Los diferentes trastornos que se manifiestan se deben a las distintas cualidades de los alimentos que comemos. La consciencia, sin embargo, es tan vasta, omnipresente y continua como el espacio infinito. En tanto que *jivas*, somos consciencia. Esa es nuestra naturaleza.

Como consciencia, somos *Ishwara*. La digestión de los alimentos es un proceso de combustión, con lo que el mundo entero aparece a la luz de este *sattva*. Solo la consciencia sabe lo que será o no será de nosotros. El conocedor de este conocimiento permanece en silencio como consciencia. Sin buscarlo, sus necesidades se ven satisfechas de manera automática, al igual que las necesidades del feto en el vientre materno. Es así como conoce su verdadera naturaleza. Pero, para que eso ocurra, la consciencia debe meditar en la misma consciencia y no en el mundo exterior. Porque, si bien esto ha sido olvidado, nuestra existencia real es anterior a ver y conocer. Muchas especulaciones surgen debido a este olvido. Pero todas esas especulaciones son plenamente conocidas por la consciencia pura. El conocedor de este conocimiento se libera aun estando en vida. La fuerza vital funciona bajo su autoridad. Esa consciencia es la que contempla la totalidad del universo.

No preste atención a los acontecimientos y experiencias de la vida, sino a la fuente de la cual emergen. No dude entonces en saber que usted es esa fuente o *Ishwara*.

Con esa revelación, cuando cierra los ojos, puede verse a sí mismo como Ghanshyam, la imagen azul oscuro del Señor Krishna, y como una luz brillante cuando los ojos se abren de nuevo. ¿El Señor azul oscuro (Krishna) estaría afligido por el nacimiento y la muerte? Para aquel que está absorto en el Señor interior, todos los problemas tocan a su fin. Quien conoce plenamente a Krishna conoce la realidad del mundo y de sus moradores. El lugar donde habita es digno de adoración, ya que se torna puro y santo al verse a sí mismo. Sus acciones solo buscan el beneficio de la sociedad. Cuando esa persona abandona su cuerpo, es venerada por la sociedad y se la tiene en alta estima. La gente canta sus alabanzas y venera su nombre.

Sepa que su consciencia es de la cualidad de los jugos alimenticios del cuerpo. No hay mayor estúpido que el que valora su propio conocimiento mundano. Debe contemplar la misma divinidad también en las otras personas. Aquellos que consideran que uno es este cuerpo siempre estarán engañados, mientras que quienes conocen la verdadera divinidad en este cuerpo conocen la verdad. Sepa que esto es el juego del *chaitanya*, el Principio Cósmico común a todos los seres. La consciencia finalmente se fusiona de nuevo con el Principio Cósmico Universal. Todos los seres vivos son, en esencia, la misma consciencia. Ríndase a esa consciencia que mora en usted. No hay más Dios que ese. Cuando ese conocimiento amanezca en usted, ya no necesitará ninguna ayuda por parte de los demás, pero los demás sí.

48
La liberación es ser el Sí mismo

El libro *Ekanathi Bhagavat*, escrito en maratí por el sabio Sri Ekanath Maharaj, enumera los cuatro tipos de *bhakti* o devoción a Dios. El cuarto tipo consiste en albergar una intensa devoción hacia el Todopoderoso.

Se dice que quien practica esa devoción ha alcanzado los cuatro tipos de iluminación. Los cuatro tipos de devoción son *salokata, samipyata, swarupata* y *sayujyata. Salokata* consiste en elevarse hasta la morada de Dios (el cielo) y permanecer en ella. *Samipyata* es permanecer ante Dios. *Swarupata* significa fusionarse con el Sí mismo, mientras que *sayujyata* consiste en Eso en lo que el yo individual se funde con el Ser Universal, lo cual supone la plena liberación. Esta persona conoce, sin duda y por propia experiencia directa, que es anterior a todo y a todos. No le complace nada más que Dios.

¿Cómo es eso posible? Es posible cuando uno analiza su propia cognitividad, la sensación de que «existo», y sabe que ese conocimiento es Dios. ¡Y el hecho es que también es nuestra propia naturaleza verdadera! Esa persona no desea nada. Todo esto se torna posible de manera espontánea gracias al cuarto tipo de devoción, porque Dios se ofrece a quien pone en práctica este tipo de devoción. Él no puede estar ni siquiera un instante sin sentir la unidad con Dios. En ese estado, se desvanece la diferencia entre Dios y el devoto. La satisfacción gozosa es lo único que le queda al devoto, a pesar de saber que, de hecho, no puede haber ninguna diferencia entre Dios y él mismo. Este gozo derivado de la devoción supone vivir en el cuerpo y, sin embargo, siendo consciente de ser uno con Dios. Dios no puede desconectarse del devoto dotado del conocimiento de su unidad con Dios. Dios hace al devoto responsable de su propia existencia.

El verdadero devoto, el que es consciente de modo constante de su unidad con Dios, no está interesado en ninguna bendición, ni siquiera en la bendición de la liberación. ¿Por qué, si nunca se siente esclavizado, buscaría la liberación? Esta es la experiencia que denota que uno ha realizado finalmente que las palabras del *Guru* son la Verdad.

Visualizar una escena es como ver un sueño. ¿Y acaso no es un sueño ver el universo entero? El estado de vigilia no es real, sino que solo proporciona una sensación de ser, que es la semilla del universo. Esta sensación de ser se desvanece en el sueño profundo. Con el final del estado de vigilia, el mundo desaparece. El cuarto tipo de devoción clarifica esta comprensión.

Este universo nace en la apertura de Brahma. Los eventos pasados que contemplamos durante el sueño son meras apariencias en el momento actual. Todos los acontecimientos pasados de esta historia onírica se crean en ese mismo instante. En nuestra experiencia del mundo, hay experiencias de creación y disolución de estos universos (oníricos).

¿Cómo puede uno asumir que esta manifestación es verdadera cuando el vasto espacio se condensa en la apertura de *brahma*? Rara vez se comprende la naturaleza profunda de este conocimiento, que es el contenido secreto de la consciencia. Este es el resultado del cuarto tipo de devoción. ¿Cómo puede ser realidad el universo que cabe en la punta de una aguja? ¿Se percata usted de la profunda implicación de esta consciencia? El que conoce esta verdad vive en el mundo como si este no existiese en realidad. *Brahman* tiene atributos, pero para el que obtiene este cuarto tipo de devoción, *Brahman* es *nirguna* o carente de atributos. Este conocimiento revela que la consciencia no tiene realmente atributos y que está más allá de lo que es captado o comprendido por la mente. Todo lo que vemos hoy ha surgido de lo invisible. ¿Cómo puede ser bueno o malo lo que es invisible? El universo está lleno de todo tipo de cosas y, sin embargo, carece de cualidades. Sencillamente es *nirguna*. Debe usted adorar al *Atman* que ahora escucha estas palabras.

49

Despierte su consciencia y sea un Dios dichoso

Los cinco elementos que son eternamente libres y carecen de limitaciones están condicionados por nuestras motivaciones egoístas, como si erigiésemos muros en torno a nuestra casa y limitásemos el espacio. La enfermedad a la que uno se enfrenta es en realidad una dolencia del *sattva* de los cinco elementos y no del conocedor de estos. Mientras se conciba a sí mismo como una persona, estará esclavizado y todos sus logros serán irrelevantes. Debido a la ignorancia, nos vemos afectados por esta situación y nos lamentamos como niños.

Aquel que trasciende el ciclo de nacimiento y muerte es *Paramatman*. El universo panorámico que está iluminado por la luz del Sí mismo y se extiende infinitamente en todas direcciones es minúsculo comparado con *Paramatman*, que es vasto en el sentido más pleno de esa palabra. Él es testigo de las palabras, pero no tiene individualidad o identificación alguna. *Paramatman* es anterior a cualquier sonido y se halla en perfecto orden. Es inútil tratar de conceptualizar lo que significa escuchar el sonido sin sonido.

Carecemos de la experiencia de nuestro propio nacimiento, ya que no había consciencia personal en ese momento. Cuando el niño va cobrando consciencia poco a poco de su propio cuerpo, crece también el conocimiento de que es un individuo. Si usted anhela una fragancia, deberá quemar incienso y, si necesita luz, tendrá que encender una lámpara. Al igual que el aceite arde para encender la lámpara, es su *sattva* el que ilumina la sensación de ser de que disfruta usted. La muerte se entiende como el momento en que los cinco elementos, incluido el *sattva*, concluyen desde el punto de vista de la persona.

Solo aquel que está completa y plenamente realizado se halla en condiciones de hablar acerca del conocimiento del *Brahman*. Cuando despierte por la mañana y observe la fuente a partir de la que surge el yo, conocerá de inmediato la falacia del mundo. Esta consciencia es el resultado de atravesar varios aspectos detestables de la vida, ¡sépalo sin ninguna duda! *Mulamaya* o la ilusión primordial tiene diversas cualidades y es de naturaleza muy variada. Incluso los dioses que adora como Hari, Shiva y Brahma, con sus formas divinas imaginadas por usted, son hijos de la ignorancia primordial. No es de extrañar que, cuando despierta del sueño, vuelva a asumir su nombre y su forma. El verdadero despertar, que acompaña al proceso de iluminación, no puede ser presenciado por usted, ya que usted es Eso que nunca duerme. Cuando florece esta consciencia, es el Señor Rama y, cuando ese estado se estabiliza de manera inquebrantable, es la dicha suprema misma, sin posibilidad alguna de apartarse de ella. En dicho estado, no hay ni recuerdo ni olvido.

El estado en el que usted vive como si fuese el cuerpo y la

mente tan solo es pura distracción que no contiene ninguna realización o satisfacción real. Solo es insatisfacción. Sin embargo, al conocer la semilla de ese descontento, deja de preocuparle. Cuando se da cuenta de que existe, eso es la dualidad. Todos los problemas son causados por nuestra implicación cada vez mayor en la consciencia del cuerpo. Cualquier cosa que reconozca con su identidad corporal es su conocimiento, y eso es lo que causa problemas.

Todos los sucesos son espontáneos en presencia de la consciencia, pero tratamos de explicarlos como si se tratase del destino. Si percibe que su consciencia es falsa, su mundo también perderá realidad. Cuando se siente satisfecho, está acompañado por *Ishwara*.

50
Medite en aquello que en realidad es

Hay quienes acumulan muchos conocimientos referentes a la espiritualidad y memorizan las escrituras. Armados con este conocimiento, se embarcan en la misión de predicar a los demás, aunque ellos mismos aún no han conocido su verdadera naturaleza. Es tan ridículo como un vaso medidor que reparte grano, pero no tiene ninguna utilidad para sí mismo. Enseñan el Vedanta a los demás, pero ellos mismos permanecen tan estériles como una piedra. El que se comporta asumiendo que es un cuerpo es un pecador, porque asumir que el cuerpo y la mente son su auténtica naturaleza no es más que un pecado.

¿Cuál es la causa de esta ignorancia? Las acciones no pueden ocurrir sin la participación del complejo cuerpo-mente. En ausencia del cuerpo y la mente, no hay sustrato para que se produzca ningún acontecimiento. En consecuencia, la identidad corporal adquiere excesiva importancia y reconocimiento. La palabra *name* se compone de las sílabas *na-me*, que significan en maratí «no yo». Usted no es su nombre. El consejo de *Sadguru* es: «Medite en aquello que en realidad es». Por supuesto, sin la ayuda del cuerpo y de la mente, no sería capaz de meditar en las palabras del *Sadguru* ni de actuar a partir de ellas. Sin embargo, rara vez tiene tiempo o paciencia para darse cuenta de esta discriminación. Su fe radica en la firme creencia de que las cosas se arreglarán algún día en el futuro. Pero esa suposición está muy lejos de la realidad.

Para establecerse en el conocimiento de la realidad, debe meditar de forma regular. El conocimiento que surge de la meditación revela la realidad acerca del nacimiento, la vida y la muerte, derribando todos los conceptos incorrectos relacionados con nosotros. La consciencia se libera entonces de la sensación de ser o del «yo soy». Es un error considerar que aquello que no nos acompañará para siempre somos *nosotros* o *nos* pertenece.

El propósito de la adoración y la preservación de las actividades espirituales tan solo es lograr una ganancia y una satisfacción temporal. Adoramos a las deidades para sentirnos mejor. Debido al *sattva*, la consciencia junto con el *rajas* sustenta varias actividades y deberes como la familia y los negocios. La comida es necesaria para mantener el cuerpo y el *prana*. El que reconoce el origen de la consciencia se libera de toda implicación en la vida, incluida la experiencia del «yo soy».

Aunque el *sattva* es idéntico en todos los seres, durante el nacimiento se producen muchos cambios que explican por qué cada persona tiene un rostro, una voz y un gusto diferentes. El que medita en la consciencia sabe que no es *sattva*. ¿Cómo puede ser *sattva* lo que no es más que consciencia? Tal conocedor no está implicado en la creación de su propia secta o credo y rara vez resulta accesible. Realizando al Sí mismo y no adorando a Dios es como debe complacer a su *Sadguru*. Para ello, debe averiguar qué es aquello que nace. En realidad, lo que nace son los estados de vigilia, sueño y sueño profundo. Sin embargo, este nacimiento es falso, ya que nunca ha ocurrido en realidad. Cuando se reúne el material alimenticio, hay una celebración de aquel que conoce su consciencia. Es como si el Señor Brihaspati se manifestase a partir de los jugos orgánicos.

51

Solo sirve al *Guru*
aquel cuya mente
se vuelve hacia la renuncia

La persona está capacitada para la renuncia cuando reconoce que los objetos percibidos por los sentidos no son permanentes. Esa persona cultiva el desapego, no es de naturaleza sensual y está inclinada hacia el conocimiento de la Verdad acerca de uno mismo, porque ya está desengañada con la experiencia de la vida y el mundo exterior. Solo un devoto de estas características es capaz de reconocer fácilmente la realidad del Sí mismo o el conocimiento del *Brahman*. Él realiza a *Brahman*, el cual está más allá de la búsqueda.

El impulso de descubrir nuestra verdadera naturaleza siempre se halla oculto como parte de nuestro potencial. Sin embargo, nuestra arraigada fe en que el cuerpo es real nos distrae de la búsqueda del Sí mismo. Debería albergar la firme convicción de que nada hay en esta jungla de la vida que sea merecedor de confianza. Renuncie también a su suposición de que es una persona que se halla a los pies del *Guru*. Aquel que conoce la Verdad acerca de su auténtica naturaleza no percibe la falsedad, ni ninguna falta en los demás. Aun cuando vea alguna falta, la perdonará, puesto que la apariencia del mundo surge sin que nadie haga nada. Sin desempeñar en ello papel alguno, se nos acusa de haber nacido.

Cuando perdemos el apego hacia nuestro cuerpo, ¿por qué considerar que los otros cuerpos son reales? ¿Por qué volver a ver defectos en ellos? Todo se perdona en el curso normal de los acontecimientos. Si uno no percibe ninguna realidad en su propia existencia mundana, ¿por qué habría de juzgar o culpar a los demás? Pasará por alto y perdonará las faltas de todas las personas, puesto que nadie ha nacido por su propia voluntad. La vida nos ha sido impuesta por *mulamaya* o la ilusión primordial.

La dualidad del mundo deja paso a *chidananda* o la dicha de ser consciente. Pero, en el *Advaita* no dual, no hay *chidananda*. Lo que se nos impuso en el vientre materno se ha convertido en la fuente del poder de nuestra consciencia. Para albergar y merecer este conocimiento, es esencial el desapego respecto del mundo. La persona dotada de estas cualidades se contenta con lo poco que le proporciona la vida. Tan solo el servicio al *Guru* nos proporciona la herramienta adecuada para esta *sadhana*. Sin embargo, el servicio al *Guru* no es fácil, ya que únicamente florece cuando uno renuncia a la idea de que es una persona. El único capaz de servir al *Guru* es el que se inclina hacia la renuncia y está disgustado con las atracciones mundanas. Usted permanece en este cuerpo solo el tiempo que perdura la vida pura del *sattva* infundida en el vientre de su madre antes de su nacimiento. Su mérito para llegar a convertirse en su propio Maestro depende de la plenitud de su fe en el *Guru*.

52
No espere que encaje nada
en este mundo

Para el *jnani*, la verdadera dicha de ser se ubica más allá de los tres estados de la vida; es decir, vigilia, sueño y sueño profundo. Pero ¿qué sabe de su estado antes de nacer? A partir del estado de sueño profundo emerge el estado de vigilia, en el que se percibe el mundo con todos sus habitantes, incluidos nuestros parientes y amigos. Uno sencillamente cree en lo que percibe porque constituye el fundamento y la base de su existencia mundana. El estado de vigilia se refiere a la experiencia del mundo tras despertar del sueño profundo. En maratí, las palabras despertar (*Jâg*) y mundo (*Jag*) se escriben de forma casi idéntica. El origen de nuestro ser fue creado en el vientre materno.

Pero solo conocerá este *jnana* aquel que no quiera nada en este mundo perceptible y tangible. El amor por la existencia aboca a todo tipo de deseos. Este es el destino de todos los seres, desde la forma más baja hasta *Ishwara*, el Dios personal. La semilla de la autorrealización está inscrita en nosotros desde que solo somos un embrión. El que persigue esta meta con firmeza con toda seguridad alcanzará el éxito. Permanecer en Eso y recordar el mantra nos conduce al conocimiento del Sí mismo.

La constancia y la adhesión al canto del mantra proporcionado por el *Guru* nos lleva a la iluminación. A partir de ahí, uno se da cuenta del origen de la consciencia, de los cinco elementos y las tres *gunas*, que son absorbidas por el Señor Krishna.

La esencia que fluye en los cinco elementos se denomina *sattva*. Los nombres y las formas varían, pero su fuente es la misma. El que no comprende cuál es la fuente de todo conocimiento no es más que un ignorante. Aquel que ve que todo el universo danza incluso en el vacío del vientre es el *Brahman* puro, aun cuando habite en este cuerpo perecedero. Uno debe conocer el origen de la consciencia o *chaitanya*.

Mi propia forma y el universo surgieron juntos de manera espontánea. ¿Qué voy a producir en él? El mundo brilla con la luz producida por el cuerpo. La consciencia es una manifestación que no requiere de ningún individuo. Si bien el mundo existe en la morada de la consciencia, nuestra verdadera existencia es anterior a ella. Nuestra existencia está detrás de todo. El discernimiento constante nos permite saber que somos anteriores a la consciencia.

Todos los acontecimientos de la vida suceden por sí solos, aunque los asumimos como propios. De hecho, nuestro verdadero ser permanece intacto y no es tocado por los acontecimientos. ¿Hemos hecho algo personalmente para experimentar esta vasta manifestación? ¿Por qué entonces sentirnos orgullosos de ello?

La escucha ferviente de las palabras del Maestro va sustituyendo poco a poco a la ignorancia con el conocimiento del Sí mismo. Pero esta *shravana*, o verdadera escucha de las palabras del Maestro, es imposible porque usted se halla enredado en los límites de la *sadhana* mundana sin percatarse de que, en realidad, está más allá de este mundo y carece de límites. Cuando se borran por completo los pensamientos acerca de su muerte, se convierte en un *jnani*, un iluminado. Al igual que su yerno, por ejemplo, no vive en la misma casa en la que usted vive, debe considerar que su cuerpo es similar. Su amor y su interés por este mundo han dotado de realidad a aquello que es falso. Sin consciencia no hay vida y, sin vida, no hay *Prakriti* ni *Purusha*.

53

Jnana debe ser libre

Jnana, el conocimiento del Sí mismo, es tan poderoso que, incluso si su poseedor vive solo en un bosque, no dejará de prestarle atención. *Jnana* es el conocimiento que está libre de los conceptos relativos al cuerpo y al mundo. Aunque la sensación de ser, que es la manifestación, se halle presente, no existe concepto alguno de que uno sea una persona. Donde aparece la persona, surge *prarabhda* o el destino. Pero ¿qué puede hacer el destino con la consciencia, dado que la consciencia lo abarca todo? Hasta el momento en que la ignorancia se transforma en conocimiento y, finalmente, lo trasciende, convirtiéndose en *Vijnana* o iluminación plena, se puede culpar al llamado destino. Sin embargo, *Vijnana* trasciende al destino. ¿Qué puede haber en ello de bueno o de malo? La completa iluminación implica trascender tanto el conocimiento como la ignorancia.

El fenómeno del nacimiento es similar a la aparición de una chispa. ¿Cómo se enciende esta chispa? ¿Qué tipo de cortocircuito la causa? ¿Y este cortocircuito eclipsa a su Conocedor? El Conocedor permanece libre tanto del nacimiento como del destino. Así como el universo de los sueños surge de la nada, desde la perspectiva del Conocedor este universo de vigilia también emerge de la nada. ¿Qué crea el fenómeno del destino? La fricción entre *vayu* (aire) y el espacio da lugar a la energía que constituye el universo. A partir de esa chispa nace el agua que impregna la tierra. El agua da lugar a la vida vegetal y a la esencia de los alimentos que producen y nutren la vida en la tierra. De ese modo, nacen las criaturas que están hechas para vivir y experimentar cosas buenas y malas en la vida. Este fenómeno se denomina *prarabhda* o el llamado destino, si queremos darle algún nombre.

Lo que se origina en otra dimensión y desciende al mundo ilusorio de nuestra vigilia y de *prarabdha*, dando lugar a la sensación de ser, recibe el nombre de *sattva*. Quien lo conoce lo trasciende y alcanza la iluminación. En cambio, los que no lo hacen prosiguen con la vida y están a merced del destino. ¿Qué destino es posible atribuir a los gérmenes que nacen de la comida podrida? Su *prarabdha* es la propia comida.

Prarabdha se aplica al cuerpo constituido de *sattva*, el cual no es más que los cinco elementos. Por consiguiente, yo no puedo ser el cuerpo. *Prarabdha* también se aplica a la quintaesencia del cuerpo que es *sattva*, y yo tampoco puedo ser *sattva*. *Prarabdha*, por su parte, está constituido de *sattva*, mientras que la consciencia tan solo es una cualidad de *sattva*, que no soy yo. Aunque las formas difieren entre sí, el *sattva* es uno.

Si busca en el exterior para llegar a conocer su verdadera naturaleza, se extraviará. En cambio, si vuelve sus pasos hacia el interior, desaparecerá la distancia que lo separa de su genuina naturaleza y se encontrará a sí mismo. La ignorancia se extinguirá en su origen y su naturaleza divina resplandecerá, eliminando la falsedad.

54

Se desvanece la noción de ser

Con la iluminación, se cumplen todas las ambiciones y deseos. De hecho, incluso deja de existir la sensación de ser. Aunque persiste la expresión manifiesta de la consciencia, se desvanece el concepto de ser una persona, una entidad individual dotada de cuerpo y mente, que se mueve en el mundo exterior. La consciencia, que no es otra cosa que Dios, denota nuestra existencia. El verdadero reposo solo es posible después de olvidarse de todo, como en el sueño profundo. Para el iluminado dotado de estas características ningún logro y lujo del mundo es digno de atención.

Debemos conocer de manera plena e inequívoca la fuente de la consciencia. Solo entonces nos quedará claro el modo en que la consciencia alcanza la tranquilidad eterna. La sensación de ser, que experimentamos ahora mismo, se pacifica sin necesidad de ninguna acción realizada por nuestra parte. Su naturaleza es la paz misma, que no necesita ser comprada para ser conseguida. La riqueza solo sirve para mantenernos ocupados y procurarnos medios de vida. Debemos albergar la convicción de que ningún acontecimiento de la vida es capaz de proporcionar la paz suprema que ya poseemos en nuestro interior.

Cuando el mundo y el cuerpo no existían, el estado en el que usted se encontraba entonces era su naturaleza verdadera y eternamente pacífica. En ese estado, no estaba afligido por el toque de la consciencia y, por lo tanto, no había necesidad de nada. Esto es lo que se revela a quienes discriminan verdaderamente. Esa discriminación lo torna a uno libre del sufrimiento e incluso de la necesidad de la llamada felicidad. El dolor es solo un inconveniente entre las comodidades que experimentamos. Pero ¿de dónde se deriva este inconveniente? Lo no manifestado experimenta lo manifestado, a consecuencia de lo cual se confunde con la individualidad. ¿No es esto simplemente una imaginación? Mientras se hallaba en el estado no manifestado, estaba totalmente tranquilo y libre de ideación. No contamine la divinidad que reside en su interior con la suciedad de su nombre y su forma.

Aunque es temporal, la experiencia del cuerpo y la mente es el resultado de la tragedia conocida como *nacimiento*. Hay que comprender la realidad de esta ceremonia de placer y dolor. Si bien *Paramatman* es omnipresente e impregna todas las formas de vida, se mantiene distante y carece de apego hacia ninguna forma viviente. Cuando sabe que su verdadera naturaleza es tan vasta como una gran ciudad, todas las manifestaciones que experimenta se suman en esa realidad en tanto que meras apariencias.

Esto parece complicado de entender, pero su conocedor siempre es simple. El que supuestamente nace llega a comprender que toda la manifestación, incluyendo el mundo, el día y la noche, no están separados de él mismo. Nuestra propia forma tan solo es alimento, mientras que el que disfruta de ella es el *prana*. Usted debe excavar profundamente en el suelo de la consciencia para descubrir cuán hondas son las raíces. Solo entonces percibirá y aceptará que todas las experiencias que emergen en el seno de su consciencia son como el agua clara en un río.

55
Verá a *Brahman*
en todas direcciones

Uno no puede aferrarse a esta cognitividad de manera permanente, como tampoco desecharla a voluntad. Aunque la cognitividad, que es *Brahman*, recibe muchos nombres, *Parabrahman* es indescriptible. Al igual que el espacio es visible en todas direcciones, la cognitividad se distingue en todos los aspectos y eventos de la vida, ya que se deriva nada menos que de *Parabrahman*. La apariencia del mundo reside en los ojos (noción errónea) del que mira. Uno es consciente del espacio y del tiempo en todo momento. El conocimiento reverbera incluso en una planta o una brizna de hierba.

Parabrahman se halla presente antes del espacio y lo ha estado durante toda la eternidad. El tiempo nace de la cognitividad que usted posee. Pero, sin la gracia del *Guru*, el buscador sería incapaz de captar esta verdad. El espacio y el tiempo infinitos están incrustados en el cognitividad. Cuando vemos que el alimento es *Brahman*, la implicación es que el cognitividad que reside en nosotros se apoya en el alimento corporal y el *prana*.

El *sattva* que está formado por los alimentos que consumimos da lugar a la cognitividad en los estados de vigilia y sueño. El alimento corporal debe su existencia al *sattva* y sustenta la cognitividad. La consciencia es tan vacía, continua y vasta como el cielo. Cuando cierra los ojos, usted ve el azul profundo subyacente, el cual contiene las semillas de múltiples universos. Guarde este regalo de conocimiento en lo más profundo de su corazón y rece al *Guru*. La devoción por el *Guru* revela aquello que es invisible al principio, pero que luego se somete y se inclina ante usted en pleitesía. Esa es la genuina paz que solo puede alcanzarse abandonando la noción de que somos una persona.

56
La sensación de ser es *Ishwara*

En maratí, la palabra que se refiere a la mente (*ma-na*) es la que ata a las personas al ciclo de la esclavitud. Todo el mundo sigue a la mente sin darse cuenta de la impureza derivada de ese tipo de acción. Es así como uno debe discriminar o realizar *viveka*. Una vez que despierta a la sabiduría divina, la persona empieza a distinguir entre lo verdadero y lo falso, entre lo eterno y lo transitorio. El estado en que se discierne entre lo permanente y lo transitorio se denomina *siddhanta* o establecimiento de la Verdad.

Es un error creer que la mente puede lograr cualquier cosa. Esta sabiduría solo amanece cuando Dios despierta en nosotros. La mente se enfrenta entonces a la discriminación, lo cual da como resultado el conocimiento de que en realidad la mente no existe. Se torna evidente entonces el hecho de que la existencia carente de mente es la pureza en sí. La mente seguirá llevando a cabo sus juegos mientras usted crea que es el cuerpo. Pero, una vez que se percata de su verdadera naturaleza, la mente se rinde. Mente significa sufrimiento, ya que no son diferentes entre sí.

El bebé en el útero no tiene experiencia de la mente y vive felizmente. ¿No demuestra eso que la vida puede iniciarse y desarrollarse en ausencia de la mente? Una vez que el bebé nace y crece, se vuelve adicto a la mente. Entonces ella asume la responsabilidad y uno baila a su ritmo. Usted termina siendo controlado por la mente.

La solución más sencilla a este problema es la entrega al *Guru*. La gracia del *Guru* permite desarrollar *viveka*, que es lo único que le llevará a conocer que usted no es la mente, sino su testigo inmutable. Queda claro que el cuerpo solo es el alimento de la consciencia. Pero, si no se alcanza esta claridad, el sufrimiento es inevitable para quien está controlado por la mente. La infelicidad ocurre por la causa más nimia. Sin embargo, cuando la mente va más allá hasta el estado *unmani* o de absorción en lo Divino, ese tipo de movimientos dejan de molestarle.

Debe utilizar *viveka*, o discriminación, para controlar y limitar la mente. Todos sabemos que nuestra existencia aparece antes de la mente. La discriminación minimiza la eficacia de la mente, percatándose de que no es una persona, la cual es una combinación de nombres, ni tampoco el cuerpo originado en el alimento. Quien capta esta verdad no se ve afectado por los acontecimientos, positivos o negativos, de la vida. Allí donde la mente deja de experimentar, se desvanecen los deseos y las ansias. Mientras tenga la sensación de que es el hacedor, su mente le seguirá molestando. Aquello que es consciente de ser está lejos de la cognitividad.

Dios y usted no son distintos. La consciencia, en su verdadera naturaleza, es *Ishwara*. Esta es la realización de su auténtica naturaleza. Sin embargo, Dios no es, como usted imagina, un individuo dotado de forma. Aquellos que se rinden al *Guru* comprenden que este conocimiento supremo está por encima del reino de la mente y del intelecto. La mente no puede llegar allí.

57
Conózcase a usted mismo
más allá de nombre y forma

¿Qué le pidió Uddhava al Señor Sri Krishna durante sus últimos días? Le pidió una intensa devoción para situarse a los pies del Señor; una devoción que es superior incluso a la liberación. Por supuesto, Uddhava no necesitaba la liberación como tal, ya que nunca había estado esclavizado y era plenamente consciente de ello, puesto que contaba con la gracia del *Guru*. Deje a un lado su propio nombre y forma y descubra quién es. Cuando lo sepa, sabrá que su naturaleza no se limita a ser una persona, sino que es omnipresente y universal.

Al identificarse con la persona limitada, surge el concepto de esclavitud y de que ha estado sufriendo todo el tiempo. Cuando este concepto erróneo desaparece de la mente, eso es *mukti*, liberación. Siendo completo y perfecto, el estado espiritual de esa persona alcanza su plenitud.

Usted cree que se encuentra lejos de dicha cima, pero la gracia del *Guru* le permitirá aproximarse a ella. Aquel cuyo ego es destruido se percata de que su verdadera naturaleza es vasta e ilimitada y de que no hay necesidad de preocuparse por perder la sensación de ser. Se extingue entonces el deseo de prolongar y perpetuar la propia vida, comprendiéndose que la paz que uno ha buscado todo el tiempo, la satisfacción que deseaba y la realización que anhelaba siempre han residido en uno mismo y en nadie más. Nuestra genuina naturaleza es *Atman* o el Sí mismo y nunca estamos incompletos en ningún sentido. Pero, una vez que amanece la consciencia, olvidamos el hecho de que somos perfectos.

A menudo tememos perder la vida porque consideramos que abandonar el concepto de individualidad equivale a la muerte de nuestra personalidad. En realidad, la consciencia nunca muere. Vivir la existencia como una persona dotada de cuerpo (y mente) da lugar a la creencia en los propios méritos y deméritos o *prarabdhas*, los cuales modelan los eventos que suceden en la vida. En la medida en que uno se identifica con el cuerpo, padece los frutos de sus propias acciones o el *prarabdha*. Por la gracia del *Guru*, este concepto erróneo, así como la inmundicia de todos los conceptos, se quema de raíz, al igual que la oscuridad de la noche desaparece con la salida del sol.

El Señor Krishna afirma que la intensa devoción que trasciende la idea de *mukti*, o liberación, eleva el mundo de esa persona, incluyendo las cosas positivas y negativas, ya que entonces todas son vistas como *Brahman*. La devoción que trasciende la liberación es el amor hacia el canto del nombre de Dios, que tiene el poder de reformar y elevar la sociedad, purificando los cinco elementos que constituyen la entera manifestación. Con ello, también se evitan calamidades naturales como inundaciones y sequías.

No es que el *jnani* haga algo deliberadamente para que eso ocurra, sino que en su presencia las cosas suceden por sí mismas, como el agua de lluvia que cae sobre la cosecha nutriéndola, apaga la sed de los seres vivos, llena los océanos e incluso lava la tierra de su suciedad. Al igual que estos sucesos no son obra de la lluvia, el llamado orden de las cosas que dirige el universo es espontáneo y no es obra de nadie. Las acciones tumultuosas de los cinco elementos en el espacio externo se asientan en el *sattva* puro de la tierra, que está contenido en una partícula de *sattva*. Todo ser vivo tiene que pasar por esto y lo denominamos destino, *prarabhdha*, que es el océano del poder más elevado y creado a partir de la cognitividad de los seres vivos.

Cuando el *jnani* establecido en el Sí mismo reza a Dios, sus oraciones no persiguen el bienestar personal, sino el universal. Todo lo que hace es una ofrenda a *Brahman*. No existe ilusión alguna de un actor presente en sus acciones o pensamientos. Por lo tanto, adora a Dios, pero sin ningún rastro de deseo o carencia. No hay ningún deseo, ni siquiera el de conservar la vida. Debe darse cuenta de que ya está completo en todos los aspectos y que no le falta nada. Distánciese de la vida y de la muerte. Entonces perderá su individualidad y sabrá lo vasta que es la manifestación. Dejará de dar nada por sentado y su existencia se transformará en una expresión del Sí mismo infinito, aun cuando se desvanezca la idea de que es el cuerpo.

Muchas cosas le suceden a este cuerpo, pero no nos identificamos con ellas, ni empañan mi verdadera naturaleza. Conocemos nuestra existencia por la memoria que hemos almacenado, pero no somos esa memoria. Las distintas encarnaciones se manifiestan desde la luz de la fuente de nuestra existencia.

58
¿Es posible conocer
al que se torna consciente?

No hay nada más santo y más grande que la consciencia suprema que reside en nosotros, la cual no es sino la forma de Dios. Para entenderlo, debemos decir que, si bien el cuerpo es descrito en términos mundanos, nuestra verdadera naturaleza no es el complejo cuerpo-mente, sino el Sí mismo. El cuerpo es un objeto para usted, pero no es su auténtica naturaleza. Su existencia, junto con la del mundo, se halla en el interior de su consciencia. Aquello que es testigo tanto del cuerpo como del mundo es la auténtica forma de Dios y es también su naturaleza real. No pertenece a una sola persona. Usted se conoce a sí mismo por el nombre que le concedieron sus padres. Pero ¿puede señalar a aquel que se ha tornado consciente? No. El conocimiento surgió y la consciencia limitada de la persona le entregó el universo entero. No se puede decir que alguien lo hizo, ya que la manifestación es universal y omnipresente. Lo que se percibe es una expresión de la sensación de ser, de la cognitividad. ¡Lo que vemos solo es un sueño! El verdadero experimentador del mundo exterior no es ningún «ser» particular, sino la cognitividad o la naturaleza de la luz.

El Sí mismo interior es Krishna y usted lo contempla en todas las cosas. Todo lo que perciba, desde un insecto hasta un ser humano, desde una partícula de polvo hasta un diamante, no es diferente de usted, sino que se percibe a usted mismo en todo lo que aparece. La manifestación entera no es sino su propio Sí mismo. Se asignan diferentes nombres a distintos objetos con el fin de identificarlos, pero todo lo que surge es una parte de la manifestación que tiene un principio y un final, una expresión de la consciencia. Lo que es anterior a todo eso es lo eterno y lo Verdadero, aquello que no tiene principio ni fin. Krishna entregó este mensaje a Uddhava, quien lo reconoció como una manifestación de Krishna. Él veía a Krishna en todas las cosas y en todos los seres. No suponga lo que es Krishna. Cuando los ojos permanecen cerrados y, sin embargo, la visión tiene lugar, eso es la vastedad y la infinitud. Carece de atributos y no es bueno ni malo. La verdadera naturaleza del Señor es tan vasta e ilimitada que en ella aparecen y desaparecen numerosos universos. Esa realidad es lo que somos antes de nuestra cognitividad. El que se deleita con esa comprensión se sumerge en el lago de la bienaventuranza. Nuestra sensación de ser emerge a partir de este elevado estado llamado *adhyatma*, que es anterior a todo. ¿Quién puede ayudar o dañar a la persona que se unifica con el Sí mismo? Para él, la ayuda y el perjuicio son idénticos. Ambos son conceptos de la mente.

Hay una manera sencilla de experimentar directamente esta comprensión como un hecho en nuestra propia vida. Uno debe beber constantemente esta leche de la consciencia olvidando el cuerpo y la mente. Si esto no puede ser practicado, entonces se debe cantar *Jai Gurudev*, que es el nombre de la consciencia total. No interprete este conocimiento con la ayuda de la mente. Solo entonces amanecerá el verdadero conocimiento del Sí mismo. Mientras canta, recuerde el significado del mantra. El *jnana*, la iluminación, encuentra el modo de expresarse a través de su personalidad.

59

Conozca «lo que es», pero no «quién es»

La sensación de ser se manifiesta en el cuerpo, que es el producto de los alimentos consumidos. El conocimiento del ser es la cualidad de la esencia del alimento. Si aspira a la genuina paz mental, entonces debe conocer su propia y verdadera naturaleza. No encontrará la paz ni la plenitud en la vida ordinaria. El que conoce su auténtica naturaleza se siente satisfecho dondequiera que esté. De ahí que sea tan importante llegar a conocerla. Uno debe conocerse a sí mismo.

Para mí, es importante saber qué soy, en lugar de quién soy. ¿Durante cuánto tiempo conocemos nuestra existencia? Mientras haya sensación de ser debida a la consciencia, existirá el cuerpo, así como la vigilia, el sueño y la cognitividad. Pero en todo ello no es posible señalar nada que sea nuestra verdadera identidad. ¿Cómo encontrar algo eterno en esta existencia temporal? Por medio del autoconocimiento, uno debe liberarse de esta sensación de ser individual.

Incluso si digo que he nacido, esto podría ser expuesto como falso. Es una tontería admitir que he nacido, lo cual se torna completamente evidente ahora. Lo que en este momento considero como el «yo», es lo Eterno que no ha nacido. La apariencia del nacimiento es un mero anuncio de nuestro ser o nuestra existencia. Este ser mío no aumenta ni disminuye. El hecho es que todos somos iguales. Los que se aferran al nombre y la forma como si estos fuesen reales sufren de desigualdad en sus vidas. Esta vida no es más que un desorden de palabras. En el *Atman* no hay atracción ni rechazo, ni otros rasgos de carácter dualista.

Por consiguiente, donde hay *Advaita* o no dualidad originada en el *sattva* puro, no hay opuestos como felicidad y sufrimiento. Las olas del océano chocan ferozmente y se rompen unas contra otras, pero no sienten ningún dolor, ya que no son más que la misma agua del océano, donde no hay dualidad. ¿Cómo puede haber dolor o placer cuando no hay concepto alguno del «otro»?

De hecho, la experiencia de la existencia, la sensación de ser, no es sino un signo de dualidad, que no es permanente y que recibe el nombre de *Maya* o ilusión. Así como toda la existencia experimentada durante el estado de vigilia desaparece por completo en el sueño profundo, de manera similar también es provisional la consciencia de la existencia que aparece ahora a lo no manifestado. Esta dualidad requiere un soporte para existir y de ahí nace el concepto de Dios. Y es este concepto el que se convierte en Dios. Incluso en el sueño profundo, el mundo de los sueños aparece debido a la sensación onírica de ser. La yo-soy-dad del estado de vigilia o de sueño crea la dualidad, que es la fuente de lo que aparece. No hay límite para lo que genera el mundo de la dualidad, lo cual significa que las escenas parecen infinitas. Sin embargo, su vidente solo es uno.

60
El conocimiento del ser
se debe a *Parabrahman*

Todo el mundo canta el nombre del Señor Krishna, pero muy pocos lo conocen de hecho. Krishna quiere decir consciencia pura, omnipresente y continua. Aquel que entiende el significado del nombre del Señor conoce verdaderamente la Realidad. De ahí que *shravana*, o escuchar las palabras del *Guru*, sea lo más importante. Cuando reflexiona en ellas, las palabras del *Guru* lo liberan de numerosas nociones y conceptos esclavizadores. Los más importantes, que nos molestan a lo largo de toda la vida, son las nociones relativas al nacimiento y la muerte. Pero las palabras del *Guru* lo liberan de la esclavitud de tener que creer en ellas.

Parabrahman, que es *adhyatma* o el que existe antes de todo lo demás, es aquello gracias a lo cual usted sabe que es. Desde un insignificante insecto hasta el Señor Brahma el Creador, todo se atiene al mismo Principio, siendo su conocedor anterior a la consciencia y estando más allá de cualquier atributo. Él es el conocedor de la facultad de conocer, pero en sí mismo carece de todo rastro de conocimiento. La confusión surge debido a la idea errónea de que somos entidades. A partir de la experiencia de la vida, usted concluye que es una entidad dotada de nombre y forma. Aunque las experiencias son infinitas, su conocedor no se ve afectado por ellas.

Al igual que el despertar del sueño provoca la experiencia espontánea de la vida, el Sí mismo es un testigo, de manera natural, carente de esfuerzo. La vida ocurre debido al *prana*, que es otro nombre para facultades como la mente, el intelecto, la consciencia individual y el ego. El *jnani* no se identifica con el nombre o la forma, puesto que sabe que su naturaleza real carece de forma.

La noticia del concepto de *ser* se nutre del cuerpo y la mente, que no son más que productos de la esencia de los alimentos que consumimos. ¿Cómo podemos ser este cuerpo que es producto del alimento? Mi verdadera naturaleza es anterior a aquello que sustenta la noción de ser o la consciencia. No tengo dudas ni divisiones de ningún tipo; estoy libre de ideación. Parece que tengo una forma, pero esta no es más que el material alimenticio que sustenta a la consciencia. Así como el agua expuesta al calor del sol se evapora, la cognitividad absorbe su alimento del cuerpo-alimento. Así es como utilizamos el alimento que consumimos. Y todo eso ocurre sin que nos demos cuenta de ello, con lo que la consciencia queda retenida en el cuerpo. Lo llamamos el poder del *sattva*, en el que se almacena la película de la vida. Este poder es la cualidad de *sattva* o esencia alimenticia que no somos.

Para entenderlo, debemos conocer el concepto «yo», lo cual no es posible mediante la realización de ningún karma, ni mediante rituales u observancias espirituales. Este concepto se denomina *mulamaya* o ignorancia primordial. Brilla durante un periodo y, cuando se satura, se funde de nuevo con el *Parabrah-*

man. Mientras el *sattva* sostiene el *prana*, el cuerpo perdura, junto con la noticia de que «yo soy», al igual que una lámpara de aceite que quema el aceite, pero no quema realmente el fuego. Cuando el aceite se agota, la lámpara se apaga. No llamamos a esto muerte, ya que, añadiendo más aceite, la lámpara vuelve a arder. El hecho de que consumamos alimentos con regularidad para mantener nuestra consciencia debería hacernos comprender qué es lo temporal en nosotros y, por el contrario, qué es verdadero y eterno.

Se requiere para ello la aplicación práctica de las palabras del *Guru*. Debemos saber que el mundo exterior que experimentamos no reside en realidad en el exterior, sino en el *sattva* de nuestros alimentos.

Este genuino conocimiento del mundo reducirá nuestra afición y apego hacia el mundo. El Señor Krishna lo sabía y, por eso, no se apegaba a nada. Su existencia era la totalidad y todo lo que veía solo era imaginación.

61

El desorden y los pensamientos se extinguirán

Cuando hay consciencia, uno puede ser consciente de *Om*, el sonido primordial, y también ser testigo de las actividades mundanas que acaecen. Sin consciencia, *Om* no puede ser escuchado. Su propósito es dirigir las actividades del universo. Esa cognitividad, como la denominamos, es el amor hacia uno mismo. En este caso, amor significa conocimiento del propio ser. El amor y la cognitividad no son diferentes. Sin embargo, este amor no se refiere al afecto entre un ser y otro porque en el Absoluto no hay otros. De ahí que este amor, que carece de forma y es omnipresente, sea una prueba de la existencia de Dios.

Nos sentimos perdidos y devastados porque limitamos este amor a nuestra individualidad, llevándolo hasta el nivel de la falsa existencia. Pero esta prueba de la existencia de Dios está más allá de la destrucción. Los conceptos erróneos solo son el juego de la mente. El agua de un río nos pertenece a todos, y, sin embargo, la reclamamos como nuestra cuando llenamos un cántaro con ella. Al limitar la cognitividad a nuestra existencia individual, la sometemos a un confinamiento miserable dentro del cuerpo y, junto con él, aparecen los sufrimientos provocados por los méritos, los deméritos y el temor a que todo termine finalmente con la muerte. Esto se convierte en una espada de Damocles que pende sobre nosotros durante toda la vida. La dualidad del «yo» y el «resto del universo» nos persigue para siempre. Entonces tenemos visiones y experiencias basadas en nuestros conceptos y tenemos que complacer al conocimiento del ser, satisfaciendo sus innumerables e interminables deseos. Cualquier carencia en el cumplimiento de estos deseos nos aboca al sufrimiento.

Solo cuando la mente se libere de estos deseos y anhelos, disfrutará de paz permanente. Comprenderemos entonces que nuestra naturaleza carece, esencialmente, de forma y que, en consecuencia, desparecen el desorden y todos los pensamientos. Una vez que eso sucede, la persona pierde todos los deseos y conoce su auténtica naturaleza. Ese es el verdadero bienestar, en el que conocemos la tranquilidad suprema como nuestra misma naturaleza.

Si le decimos a alguien que va a morir en una determinada fecha, reaccionará con rabia o desconcierto. La razón de ello es que, en realidad, esa persona es el Sí mismo inmortal. Lo que experimentamos ahora sucede sin que lo sepamos y sin que hagamos nada por nuestra parte, y, sin embargo, sufrimos sus efectos de manera consciente. La naturaleza de *chaitanya* es que todo lo que desaparece reaparece de nuevo, y viceversa.

En lo que a mí respecta, estoy más allá de la aparición y la desaparición, dado que siempre existo. Debido a mi existencia, el universo se proyecta a sí mismo. Soy la fuente de todo cuanto existe y se manifiesta En esencia, en mi naturaleza real, soy el soporte de todo y no necesito ningún soporte.

62

Nuestra existencia se ilumina

El Señor Krishna era gobernante del clan Yadava. En idioma maratí, la palabra *yad* significa memoria o recuerdo. El Señor es un
recuerdo de la propia existencia. Nuestro nacimiento, que ocurre
aparentemente en la dimensión fenoménica, es un acontecimiento que en realidad nunca ha ocurrido. Lo único que sucede es
que nuestra existencia se ha iluminado. La consciencia de nuestro propio ser es una expresión de Dios porque dimana de Él.
Advertimos todos los movimientos a causa de la consciencia, y
por lo tanto esta constituye la base del ser. *Maya*, que nos trae la
noticia de la existencia de *Paramatman*, es también la devoción,
la sensación de ser y el poder que la sostiene. Es el mismo poder
que alimenta de continuo nuestros estados de vigilia y de sueño.
Siendo la emanación de *Paramatman*, está siempre activo.

Al igual que la imagen de la luna se refleja en el agua de una
olla, lo que brilla en este cuerpo es el reflejo de *Paramatman*.
Todas las experiencias sensoriales –la audición del sonido, el
sentido del tacto, la visión de un objeto y la fragancia de una sustancia– tienen su utilidad y están desprovistas de forma. Nuestra
verdadera naturaleza está exenta de deseos y objetos mundanos
de apego y no puede convertirse en objeto para sí misma.

Los cinco elementos que constituyen la manifestación aparecen como objetos en la existencia, si bien carecen de consciencia y de cognitividad respecto de su propia existencia. El testigo de este conocimiento, que es la experiencia de todas las experiencias, es *Purushottama*, el Señor. Mientras estamos vivos, conocemos esto a fondo por intuición, pero la cognición de ello no ocurre fácilmente ni se puede probar. Solo cuando se discierne de manera adecuada, se torna claro su sentido. Por ese motivo, es muy sutil.

Hay que saber que todas las experiencias sensoriales son transitorias y que los conceptos erróneos deben ser eliminados. Sin embargo, esto no puede hacerse a través del karma o las prácticas religiosas. Para iluminar el sótano de nuestra casa, ¿sirve de algo ofrecer oraciones en un templo cercano? ¿No será mejor, en lugar de eso, simplemente llevar una lámpara? Escuche la palabra del *Guru* con intensa fe y sin contaminarla con análisis intelectuales. Solo entonces comprenderá y experimentará la inmaculada dicha del Sí mismo, exenta de objetos mundanos de apego y deseo.

63

Después de la realización, no queda nadie para vivir la vida

Para conocer la Verdad última, hay que conocer la verdad sobre nuestro origen. «Último» significa aquello que queda cuando todo lo demás desaparece. Un determinado lugar puede resultarnos familiar, pero no podemos vivir en él como el Conocedor durante toda la eternidad. Cuando se terminan los días del nacimiento, entonces también concluye este mundo. El mundo existe para quienes transitan por él como si fuesen el cuerpo. En cambio, para el *jnani*, es falso el universo que puede ser acomodado en la materia.

Para conocer que el mundo tan solo es una apariencia, hay que unificarse con el Señor Vishnu, que no es diferente de nuestra consciencia. El Señor es usted y usted no es distinto de él. Él provee y sostiene su conocimiento. Sea uno con su consciencia meditando en ella.

64

La consciencia supone familiarizarse con la luz del *Atman*

El cuerpo humano, compuesto de cinco elementos, rebosa de suciedad. Y, sin embargo, el *Atman* que todo lo ilumina resplandece a través de él. La sensación de ser, la «consciencia del yo», es buena prueba de ello. Cuando se extingue esa luz, el cuerpo comienza a descomponerse y se convierte de nuevo en suciedad. Este es el sentido de la luz de la consciencia que resplandece en el cuerpo. ¿No es cierto entonces que el *Atman* –la luz de la consciencia que brilla en el cuerpo– es lo único importante?

La consciencia corporal prospera y porta consigo todas sus actividades. Pero esta actividad e implicación impiden que la persona realice la meditación. Al dedicarse completamente a actividades mundanas, no queda tiempo para indagar en el interior. En consecuencia, hay que esforzarse en no olvidar mirar hacia el interior y percibir nuestra verdadera naturaleza. Porque la luz del conocimiento, esta iluminación, es en esencia nuestra naturaleza, el soporte de nuestra existencia y el purificador de nuestro ser. Esa luz de la consciencia, que es siempre pura, santa e inmaculada, nutre los cinco elementos que constituyen nuestro cuerpo e impregnan la totalidad del universo manifestado.

No intente buscar el *Atman* fuera de usted porque no lo encontrará, pues usted ya es eso. El *Atman* es su verdadera naturaleza. Se dice: «Para encontrarnos nos desgajamos, pero en la separación hallamos la unidad». No olvide lo que es ahora, y amanecerá la comprensión de que nunca ha estado separado de Él. No olvide nunca que, aquí y ahora, es *Paramatman*.

Deje de preocuparse por las inquietudes de la vida perecedera y preste completa atención a la búsqueda de su genuina naturaleza. Es sumamente raro contar con la fortuna suficiente para ello. El que es un verdadero buscador lleva a cabo sus deberes lo suficientemente bien, pero su atención siempre está establecida en el Sí mismo. Él o ella están deseosos de conocer su verdadera naturaleza. Si planean o piensan en algo, es acerca de su propia y auténtica naturaleza. Su búsqueda es un esfuerzo ininterrumpido y continuo, a diferencia de la de los demás, que abrazan lo perecedero y las cosas falsas de la vida.

Debe fusionarse con la consciencia continua del Sí mismo, ya que usted es el puro *Parabrahman*, anterior a todas las definiciones. Medite en silencio en esta consciencia. El *Paramatman*, que se identifica con los cinco elementos que constituyen el mundo y se expresa a través de ellos, es su verdadera *swarupa*, su auténtica naturaleza. Solo por su gracia y poder tenemos la posibilidad de reconocer la luz y la oscuridad. No hay duda de que este cuerpo, como un árbol, caerá algún día. Debemos intentar escapar y salvarnos en este mismo instante, si bien no poniendo fin a la propia vida, dado que ignoramos cómo propiciar el *Atman* residente, que es el principio que nos libera.

No hay que cuidar en exceso el cuerpo hasta el punto de mimarlo. Si usted dice: «Primero disfrutaré de la vida al máximo y después me enfocaré en Dios», esto no es factible. En consecuencia, tenga siempre presente que es la luz de la consciencia que resplandece de continuo en su interior. Sea consciente de ello todo el tiempo. Cuando conozca que su verdadera naturaleza es *Paramatman*, santificará y tornará valioso este cuerpo, a pesar de su suciedad. Millones de seres caen a los pies de esa persona. Pero ¿qué ha hecho ella después de todo? Identificar su verdadera naturaleza mientras se halla aún en el cuerpo. Aquello que se conoce como *Atman* es nuestra auténtica naturaleza y esto debe ser conocido solo una vez. ¡Esa será la comprensión final! El mero atisbo de ese conocimiento basta para alejar de manera permanente la eterna ignorancia que alimenta nuestros deseos. Lo que sucede en la vida, a partir de entonces, es solo lo que está sancionado por la Realidad. Cuando el *Brahman* vuelve a fundirse en *Brahman*, el asunto está completo y concluido.

65

La meditación nos muestra
que la consciencia es universal

¿Qué significan las palabras «yo estoy en todo»? Significan que mi auténtica naturaleza es el Sí mismo universal y omnipresente. La manifestación del Sí mismo en esta tierra se halla entrelazada con los cinco elementos. Pero, debido a la ignorancia, asumimos que esa expresión universal está ligada a nuestra pequeña personalidad y que cada uno deambula portando su propia carga, pensando que está separado de los demás.

¿Cómo nos percatamos de nuestra unidad con el universo? Para ello, hay que meditar porque, gracias a la meditación, es posible reconocer la unidad con el universo y saber que este conocimiento es universal. Una vez que esto sucede, ya no queda ninguna «persona» con la que compartir nuestra tristeza o alegría. La consciencia se convierte entonces en nuestro amigo más íntimo y mejor conocido. Ahora que entiende el significado de que el «yo» es el Sí mismo sin ninguna existencia separada, ¿cómo puede ser egoísta? Incluso la necesidad de conocer se torna innecesaria. A partir de ese momento, no hay necesidad ni siquiera de mantener esa cognitividad o amor hacia uno mismo, ya que la cognitividad misma ha sido encontrada y conocida.

La vida de la persona iluminada es conducida con verdadero discernimiento por la consciencia. No hay distinción entre mente, intelecto y consciencia, puesto que los tres son simplemente reconocidos como diferentes facetas de la misma verdad. La realidad que nace se torna conocida. ¿Dónde nace este objeto? Nace en lo profundo del vientre de la madre. El contenido de ese vientre es creado a partir del *sattva*. Por eso, cuando el *sattva* envejece y se debilita, la consciencia se desvanece.

Usted considera que este cuerpo y la consciencia son fuentes de felicidad. Pero a lo largo de la vida no deriva ninguna alegría real de ello, sino tan solo sufrimiento. Cuando se comprende que este conocimiento del ser es ignorancia, hay verdadero conocimiento o realización. A la postre, queda claro que el llamado «conocimiento» no es más que hablar acerca de la pura ignorancia. Esto requiere la firme determinación e insistencia en que uno no es el cuerpo, sino la consciencia. La propia naturaleza en tanto que consciencia es vasta y no está limitada. Sin embargo, la duración de su existencia no es permanente, sino que se halla condicionada por el tiempo.

Mi existencia no es la que se le aparece a usted, sino la que lo sostiene todo. Mientras haya este líquido o el toque de la vida en nuestro cuerpo, persistirá la sensación de ser. Cuando arriba al lugar correcto mediante la práctica del Yoga, todas sus actividades resultan ser un sueño dirigido por su eseidad.

Usted prosigue la vida como siempre, pero poco a poco se percata de que básicamente no había ninguna actividad. Su eseidad carece de realidad, por lo que nada bueno o malo puede sucederle. Existe debido al amor hacia sí mismo, pero se comporta como si amara su cuerpo cada vez más. De ahí que le afecten las vicisitudes de la vida.

La discriminación entre lo verdadero y lo falso elimina todo sufrimiento. Al desarrollar *viveka*, la facultad de distinguir entre la verdad y la ilusión, usted bebe la esencia del genuino conocimiento espiritual.

Entonces se da cuenta de que, de hecho, nadie llega ni se marcha. Para que emerja esta comprensión, deberá tener devoción hasta convertirse en un auténtico devoto. El que sabe todo esto también sabe que solo *Parabrahman* es el verdadero devoto. Aparece en una miríada de formas y, sin embargo, no es tocado por ellas. Los mil nombres dirigidos al Señor pertenecen en su totalidad a ese devoto. Sepa, pues, que todo lo que puede ser descrito con palabras es meramente una mezcla de comida y agua.

El que desea sinceramente conocer a Dios se denomina *mumukshu*. El que se inicia en este camino de conocimiento se llama *sadhaka*, y el que finalmente conoce el Sí mismo recibe el nombre de *siddha* o realizado.

66
Medite en su cognitividad

Todas las *sadhanas* o prácticas espirituales adoptadas serán válidas e imprescindibles hasta que uno destruya la ignorancia acerca de su verdadera naturaleza. Puede cantar los nombres del Señor, pronunciar sus alabanzas o entonar himnos, aunque el método más importante es *dhyana* o prestar atención a la consciencia interior sin utilizar la mente como herramienta. Medite en su consciencia, lo que también es amor hacia uno mismo. Todas estas palabras son sus ramificaciones. En virtud de sus cualidades superiores, este amor por uno mismo protege al mundo entero.

Las actividades que acaecen a causa de la consciencia son escasas en comparación con las que, debido a *Parabrahman*, ocurren de manera espontánea y sin conocimiento alguno de nuestra parte. Percibimos la oscuridad de la noche debido a nuestra sensación de ser, pero tanto el día como la noche residen en la consciencia. Nuestra verdadera naturaleza es eterna y funciona sin deseo o planificación alguna. Debemos saber que tanto *Guru* como discípulo son sus nombres. Este conocimiento adviene a través de las austeridades. ¿Dónde debe uno realizar estas austeridades? El lugar ideal para ello es allí donde usted conoce su propia existencia.

El llamado nacimiento asume forma y figura. Eso que es creado nos proporciona protección para el proceso de vivir. Mientras hay vida, se proyecta una película que muestra el destino de un determinado ser. Una especie de sustancia química llamada *sattva* retiene las imágenes imprescindibles para crear esta película. Esta es una vieja historia que no esconde en sí nada nuevo. La cualidad inherente de la consciencia es que no hay «yo» ni «tú» en ella y que todas las formas pierden a la postre su forma. La película es la consciencia. Si el «yo» y el «tú» fuesen verdaderos, recordaríamos que abarcan muchos nacimientos. Al igual que la semilla que brota de la tierra carece de «yo-soy-dad», esto es igualmente aplicable a todas las formas de consciencia. El poder de la consciencia es infinito, por lo que no pertenece a ningún individuo. Todas las apariencias son sus formas. El mundo aparece en un momento y desaparece en el siguiente. Este hecho constante acaece todo el tiempo. El mundo emerge en la luz de la consciencia y el proceso de su nacimiento y su muerte ocurren de continuo.

67

La presencia de Dios
es anterior a las palabras

El cuerpo no es su forma, ya que usted no tiene más forma que *Parabrahman*. Su naturaleza no es diferente de la de *Paramatman*. Carece de sentido y tampoco es fructífero asumir que uno mismo es el cuerpo y luego ponerse hablar de Dios. Puesto que Dios es anterior a cualquier cosa que pueda ser descrita con las palabras, el esfuerzo por alabarlo mediante las palabras también es inútil. Lo que arriba después de las palabras es el *Brahman*.

La consciencia ha permanecido activa durante eones y, sin embargo, nadie ha sido capaz de afectarla o modificarla. Muchos nacieron y subieron a la cima de la escalera del éxito, pero ni siquiera ellos lograron cambiar lo más mínimo el proceso natural de creación, mantenimiento y disolución de las cosas. Ninguna ausencia o ninguna presencia es capaz de provocar el menor cambio en el orden natural de los acontecimientos. Aunque este cuerpo está sucio por dentro, contiene el potencial de llegar a conocer su unidad con *Brahman*. Este cuerpo tiene la fe de ser, que en sí mismo es la consciencia que indica la presencia del *Atman*. Este conocimiento de nuestro ser ha sido proyectado como el concepto de un Dios celestial. Y por eso tenemos a personas como Sai Baba que nacen en esta tierra, o como la capa de crema que aparece en la leche hirviendo. La palabra *sayi* en maratí significa la crema de la leche. La cualidad de la crema o *sayi* es la cognitividad que experimentamos como nuestra consciencia. La existencia de Baba es una expresión del *Brahman* dinámico.

Aquello que no puede ser sentido por nosotros es *Parabrahman*, la plenitud, la cual deja poco lugar a la acción. Todo lo que sucede es espontáneo, más allá de nuestra intervención y meramente presenciado. La vida no está restringida a ningún individuo. *Paramatman* se halla siempre presente y lo impregna todo sin ningún deseo de ser creado, porque Él es la existencia eterna en sí misma. La gente lo describe con numerosas palabras, en muchos idiomas, y sin embargo es inaccesible a las palabras de alabanza y a cualquier representación porque está más allá de nombres y formas. *Paramatman* es el Uno sin segundo. A pesar de las apariencias, solo Él existe.

La consciencia pura también es la ignorancia más pura. Solo conociendo esto, uno puede llegar a estar en paz. El nacimiento de Dios surge a partir del concepto de nuestra eseidad. La verdadera paz mental solo resulta accesible después de que usted se da cuenta de que es el testigo o el conocedor de ese concepto. Usted es el ser humano mortal; es la consciencia y también es *Parabrahman*. Pero no crea que usted reside en lo que ve. Porque toda la manifestación surge y se desarrolla en su interior. Sepa que esta es su propia experiencia y, en consecuencia, mantenga la paz suprema. Elévese por encima de las pretensiones de ser un santo, un sabio, una encarnación o un yogui, ya que ese tipo de pretensiones lo atarían a un patrón de vida predeterminado. Sepa que su *swarupa*, su verdadera naturaleza, permanece siempre libre de las ataduras de todas las descripciones y estructuras, tales como colores y formas. Solo reconociendo ese hecho mantendrá la paz eterna.

68
Todo esto debe ser realizado
por usted

Lo que aparece no existe en realidad, sino que solo existe lo que no aparece. Aunque consideramos verdadero todo aquello que es perceptible para nosotros, no es permanente. Al igual que los pensamientos van y vienen, la gente también va y viene. Lo único que sucede es el testimonio de todo eso, puesto que no existe una sensación permanente de algo que vaya o venga. En este proceso de testificación, no hay atracción ni rechazo por nadie.

La consciencia es nuestra compañera inmutable desde el nacimiento. Debido a la presencia de la mente, la consciencia también es la causa del caos que experimentamos en nuestra vida. Por lo tanto, pedimos a la consciencia que nos deje en paz. Esto se aplica incluso a la adoración de los principales dioses. Después de todo, ¿qué es Dios sino una forma imaginada y adorada por la gente? No es un individuo, sino que su naturaleza es como un lugar. Y, sin embargo, su presencia está llena de caos y es capaz incluso de perturbar la salud. Por consiguiente, debemos pedirle que se vaya.

Nadie hace esfuerzo alguno para nacer, sino que el amor que

ocurre entre dos seres crea una forma de vida. Y este nacimiento supone el principio de todos los problemas. La consciencia nunca nace por propia voluntad. Solo después de que sucede el nacimiento, se percata de que alguien ha nacido. Es la unión de inquietud y quietud. Cuando la dualidad se encuentra con la unidad, nace la consciencia-gozosa. Eso es lo que somos todos nosotros. Al escuchar estas palabras, el intelecto de repente se queda perplejo. Nadie está preparado ni tiene suficiente paciencia para escuchar este conocimiento porque aquel que lo escuche haciendo caso omiso de él perecerá. Si estas palabras se entienden correctamente y surten efecto, no habrá necesidad de realizar ninguna meditación. En ocasiones, el efecto de estas palabras es similar al de la muerte. Si una persona recibe la noticia de que tiene una dolencia incurable y la muerte es el único desenlace posible, esa misma noticia podría acarrearle la muerte.

Así de poderosas son estas palabras, y ese es el tipo de efecto que las palabras del Maestro deben tener sobre usted. Solo entonces conocerá su verdadera naturaleza. El mero conocimiento de Dios no le servirá de nada: Dios nace de la imaginación.

Dependo de Dios por su beneficio. Habiendo conocido mi verdadera naturaleza, la idea del nacimiento solo resulta divertida como concepto. Aunque el origen de toda la existencia es uno y el mismo, su expresión difiere en cada uno de nosotros. Por ejemplo, una tortita tiene poros. La distribución de estos poros varía en cada tortita y no se puede prever. Del mismo modo, cualquier cambio que se produzca en cada ser humano se halla presente en potencia en el momento del nacimiento. El mundo exterior nace a partir de nuestra consciencia, lo cual supone que el mundo siempre ha habitado en la consciencia. Sin necesidad de decir o de creer nada, en el origen de todo está el conocimiento de nuestro propio ser. Ese conocimiento, la sensación de ser, es fundamental para el propósito de la vida, tanto si hablamos de ello como si no lo reconocemos.

Parabrahman significa dicha sin paliativos y exenta de cualquier objeto mundano de apego o deseo. A menos que se torne urgente el afán por conocer al Sí mismo, no se puede acceder a este conocimiento. Aferrarse a la dualidad no servirá, solo hay que reconocer Eso.

En la dualidad, hay dolor y sufrimiento. Todo lo que se percibe no es más que una muestra de los cinco elementos. Debemos comprender de manera adecuada la realidad, que es anterior a la experiencia de nuestro ser, lo cual es algo que debemos llevar a cabo por nosotros mismos. La respuesta a esta cuestión procede de su interior y será usted quien conozca su verdadero significado. Lo primero en su vida es saber que existe. Solo entonces sabe que tiene padres y entiende el lenguaje de su madre, aunque hasta ese momento haya carecido de todo lenguaje. El conocimiento del ser es el poder que da origen a numerosas encarnaciones. El mundo exterior que percibimos existe porque nosotros existimos.

Cuando tiene lugar la iluminación, desaparece la fe en que uno es una persona, así como también desaparecen el mundo y el egoísmo. La necesidad de las palabras se desvanece y solo queda la paz suprema. Lo que las palabras son capaces de señalar es diferente de la comprensión que surge tras la experiencia directa de la iluminación (*Aparokshanubhuti*).

La cognitividad nace del *sattva*, que a su vez se origina en la quintaesencia del alimento consumido. En esa quintaesencia, está incrustado el diseño del universo, que luego adquiere la forma del mundo. El poder del *sattva* capta primero las imágenes y luego asume diversas formas en consecuencia.

69

Verá que el mundo
reposa en usted

En las etapas iniciales, uno realiza el *saguna bhakti*, lo que implica adorar a Dios con atributos. Esto ayuda a llevar la vida cotidiana y los asuntos de forma pacífica, a la vez que nos infunde satisfacción y fuerza moral. Pero ¿quién es ese Dios al que usted adora? En la adoración, no podemos olvidar que la consciencia es el Dios que reside en nosotros. Y esta consciencia no es otra cosa que su cognitividad.

El asunto es diferente cuando hablamos de *jnana bhakti*, la devoción que nace en virtud del conocimiento de su verdadera naturaleza. Si bien el s*aguna bhakti* le infunde fuerza para proseguir con su vida cotidiana, el *jnana bhakti* le expone a la verdad interior que reside en usted y le lleva a comprender paulatinamente la naturaleza ilusoria de todo cuanto percibe, disfruta y experimenta durante el ajetreo de la vida cotidiana. Comenzamos entonces a contemplar este mundo a la luz del autoconocimiento, tornándose evidente que no somos de hecho aquello que nos parece real. Nos percatamos de que el Sí mismo existe antes de la aparición de la consciencia y también después de su desaparición.

Cuando se sabe que el mundo es falso y una mera apariencia de breve duración, disminuyen poco a poco las esperanzas,
aspiraciones y expectativas de este mundo irreal. ¿Qué efecto
puede tener este mundo en una persona iluminada? Por ejemplo,
el océano contiene una innumerable variedad de criaturas que
viven a diferentes profundidades, pero eso no tiene ningún efecto sobre el océano. Desde el punto de vista del *jnani*, el mundo
contemplado durante el sueño es similar al mundo percibido y
experimentado en el estado de vigilia. El *jnani* no constata ninguna realidad en ambos mundos o alguna diferencia entre ambos, sino que los experimenta en el *brahmarandhra*, la pequeña
apertura de *brahma* que reside en la cabeza.

La razón del sueño es albergar la experiencia errónea de que
uno está despierto mientras sigue durmiendo. Pero, si bien se
trata de algo falso, el espacio exterior, junto con el mundo, están
disponibles dentro del sueño exclusivamente para usted. Puede
soñar con cualquier cosa, e incluso percibir eventos que no son
reales en su vida de vigilia. El rey de un vasto imperio quizá sueñe
que es un mendigo que suplica un trozo de pan. Solo al despertar
se percata de que esta experiencia onírica era una ilusión carente
por completo de realidad. Pero este conocimiento acerca de la
irrealidad de ese estado se limita solo a esta persona concreta y
desaparece al despertar.

Para el *jnani*, la experiencia del estado de vigilia es tan falsa
como la experiencia onírica. Esta es su experiencia, que está
limitada a él solo. Esa persona se percata de su propio *anubhava* o experiencia directa, consistente en la constatación de que

considerar el propio cuerpo como su verdadera naturaleza es confuso. Un vasto universo aparece en el sueño, pero se desvanece al despertar. De igual modo, se percata de que el estado de vigilia también es solo una ilusión y una apariencia falsa. ¿Qué tipo de felicidad auténtica se puede derivar de él?

La ignorancia debe ser reconocida por la consciencia. Entonces la consciencia, junto con la vasta manifestación que contemplamos ante nosotros, se desvanece en nuestro propio Sí mismo y se transforma al instante en *nirguna*, el estado incondicionado carente de atributos.

¿Qué ocurre con el sueño y con el hecho de despertar dentro del sueño? Lo que sucede es que se olvida por completo el estado de vigilia que se experimentaba anteriormente. Asimismo, también se constata la falsedad del estado de vigilia en el mismo estado de vigilia, lo cual supone la disolución de este mundo ilusorio. El *jnani* lo sabe muy bien y esto lo torna ajeno a las vicisitudes de la vida.

Yo soy el conocedor de la consciencia, que es una llama divina. Un horóscopo en sí es un montón de mentiras, ya que es la previsión de algo que ocurrirá en el tiempo. Es el tiempo mismo el que nace junto con el bebé al que se le otorga un nombre. El horóscopo sirve en la vida para entretener a algunas personas y para angustiar a otras. Esto es un hecho. Ríndase a los pies de su *Guru* y percibirá que este mundo despierto reposa en su interior. El *jnani* no pertenece a ninguna categoría, ya que es anterior a todas las clases y está más allá de cualquier categorización.

70

La cognitividad contiene noticias de la existencia de Dios

Hasta que uno no obtiene el *brahma jnana* o la iluminación, debe acatar las disposiciones mencionadas en las escrituras religiosas. Pero, una vez que se alcanza la iluminación, nos damos cuenta de que nuestra verdadera naturaleza es anterior a todas las observancias religiosas. La iluminación significa simplemente reconocer nuestra verdadera naturaleza. Las disposiciones religiosas son prescripciones acerca de cómo tenemos que comportarnos y conducirnos en nuestra vida cotidiana. Incluso proporcionan beneficios detallados que pueden alcanzarse al realizar los rituales de una determinada manera. Por lo tanto, antes de la iluminación es necesario adorar a Dios y al *Guru*. Entonces, de acuerdo con nuestras aspiraciones, la consciencia nos proporciona experiencias espirituales.

Mente, intelecto, consciencia individual e inteligencia nacen de la cognitividad. Esta es la regla de la naturaleza. *Paramatman* carece de dicha cognitividad. La enfermedad de la cognitividad aparece debido a los fluidos que circulan en el interior del cuerpo y crean la necesidad de la felicidad. Pero, cuando no había consciencia de uno mismo, tampoco había necesidad de felicidad exterior.

¿Por qué es necesaria la felicidad? Se debe sencillamente a la naturaleza defectuosa e inherente de la cognitividad. Este impedimento perdura tanto como persiste la cognitividad. Cuando se olvida la cognitividad, eso es *sushupti* o el estado de sueño profundo en el que uno no es feliz ni infeliz. Transcurrido un tiempo uno despierta de nuevo, y esta es la naturaleza intrínseca de la cognitividad. El que reconoce este secreto alcanza la verdadera plenitud.

La dualidad es esencial para la cognitividad, ya que tiene que haber un conocedor y un objeto conocido. El testimonio solo puede producirse en la dualidad. Donde hay no dualidad, el testimonio, ya sea del otro o de uno mismo, no tiene lugar. El sol está muy lejos, pero su presencia es visible en los reflejos vacilantes del agua en una vasija. Y, de igual modo, la noticia de *Paramatman* es evidente para nosotros a través de nuestro propio conocimiento.

El conocimiento resulta aterrador en la medida en que se producen movimientos en él. Pero, donde no hay movimiento, como en el *Parabrahman*, tampoco hay temor. Por consiguiente, para estabilizarse en la consciencia o ecuanimidad, uno debe, con una fe inquebrantable, ser devoto del *Sadguru*. Entonces se le revelará el secreto de la genuina felicidad y el universo aparecerá simplemente como un reflejo en su consciencia. Debemos recordarle constantemente a nuestra cognitividad que eso es meramente un reflejo de nuestro ser, pero no nuestro verdadero ser. Entonces su cognitividad dejará de causarle problemas. El recuerdo es inestable, ya que es transitorio y de breve duración, pero es un recordatorio de la verdad.

71

No olvide que usted existe como consciencia

Sepa que el que busca la ayuda de Dios para conocerse a sí mismo y reconoce la presencia de Dios es bendecido por dicha presencia en su corazón. Dios cumple las palabras pronunciadas por esa persona.

Dios mora en el corazón de ese devoto. Debido a la presencia consciente de Dios en su interior, Dios y esa persona no son diferentes. De hecho, Dios existe solo si esa persona existe en primer lugar, y asimismo esa persona tiene la convicción de que su consciencia funciona de igual manera que la de Dios. A esa persona, Dios le dice: «Yo manifiesto las cosas que esta persona desea». La persona dotada de estas características no necesita visitar los templos para que las cosas sucedan o para esforzarse en conseguir algo.

Cualquier idea o concepto que se acuña primero en la mente es un pensamiento. Luego la idea es enunciada y ocurre la acción. No olvide que usted se halla presente como la consciencia a la que le sucede todo eso. Hay que tener en cuenta que el cuerpo no desempeña ningún papel en este hecho y que usted debe mantenerse separado de la suciedad del cuerpo físico.

Uno debe recordarlo todo el tiempo hasta convertirlo en un hábito. En eso consiste su adoración a Dios. No olvide que usted es consciencia y que también es Dios. Entonces verá que es Dios el que dice lo que debe ser realizado y el que hace que las cosas sucedan automáticamente. Es gracias a Dios que usted sabe algo. Si no fuera por la presencia de Dios en nosotros, nuestro cuerpo no sería más que una carcasa carente de todo valor. Yo no existo sin la presencia de Dios, ni él sin la mía.

Lo que nos hace ver el sol y la luna, aunque estén tan alejados, es el poder de la visión que nos otorga Dios. Sin embargo, ese Dios también nos pide que no nos identifiquemos con el cuerpo. La verdadera felicidad en la vida consiste en reconocer la presencia divina. Pero ¿qué es esta presencia? Es su propia cognitividad. Dios y la consciencia son uno. Cualquier fortuna o desgracia que le arribe, debe saber que le está ocurriendo a Dios. Quien recuerda esto perennemente es mi propia persona.

Dios dice: «Tú y yo somos uno. Sin mi presencia no eres nada. Nada puede suceder sin mí. Todo el poder me pertenece. Los cinco elementos obedecen mis órdenes. Tenga esto bien presente y así me entenderá».

72

La naturaleza de la iluminación es el amor

El nacimiento humano no es fácilmente accesible ni siquiera para el Señor Brahma. Solo a través de este cuerpo, Brahma conoce a *Parabrahman*. No hay nada más escaso en la existencia que un cuerpo humano, puesto que la cognitividad que se manifiesta a través del cuerpo humano lo torna precioso. Esta capacidad de conocer nuestra verdadera naturaleza no resulta accesible a otras especies. Esa cognitividad que se manifiesta en el cuerpo humano es maravilloso porque es Dios mismo. Es la cognitividad que le nutre todo el tiempo. Este amor hacia sí mismo ocurre y se instala aquí. Debe hacerle caso. Si es feliz, le recompensará con todo, incluida la iluminación. Por último, le ayuda a establecerse proporcionándole el conocimiento acerca del Sí mismo.

Para alcanzarlo, debe actuar de acuerdo con las instrucciones de su *Guru*. Solo entonces el logro espiritual del *Guru* se convertirá en el suyo propio. Conocerse a uno mismo es *Paramartha*, lo cual supone alcanzar la cota más elevada en el camino espiritual. La liberación no consiste más que en deshacerse de las ideas erróneas. No mime su cuerpo, pero ame su verdadera naturaleza. A medida que esta naturaleza real se revele cada vez con más fuerza, experimentará la dicha del Sí mismo. Evite los demás placeres de la vida y disfrute únicamente del gozo derivado del conocimiento de su verdadera naturaleza.

Al igual que desciende del taxi cuando llega a su destino, deberá abandonar este cuerpo cuando arribe su hora. Con la iluminación, uno se libera de la carga de las acciones pasadas, ya sean buenas o malas. Incluso las acciones pasadas que son llevadas a cabo por usted en secreto quedan impresas en su destino. Estos son los múltiples atributos de la consciencia. Pero el atributo principal es ser capaz de reconocer el Sí mismo. Haga suyo este conocimiento. Esa consciencia es tan omnipresente como el espacio. Es la iluminación del conocimiento, mientras que el espacio es el esplendor de la consciencia.

No considere que es suyo lo que no perdura. En su cognitividad encuentra al Señor del universo y Él debe ser reconocido. Así como la naturaleza del agua es fluir, la naturaleza de la iluminación es Amor. La muerte nos espera desde que nacemos. Debe llevar a cabo por completo sus obligaciones en la vida y, no obstante, nunca olvidar su verdad interior. Este Señor es su propia y genuina naturaleza, el Sí mismo. No busque un Dios prestado para que le ayude.

73
Alcance el sustrato de su existencia buscando su verdadera naturaleza

En realidad, la persona es siempre libre, pero debido a la ilusión, se identifica con su cuerpo y no se percata de su libertad. *Purusha* no hace nada excepto crear *yogamaya*, el poder de la ilusión. Es esta ilusión la que lo hace todo, aunque no es independiente de *Purusha*. El amor hacia uno mismo se debe a *Maya*. Aun así, *Maya* no es real como queda confirmado cuando se olvida de usted mismo durante el sueño profundo.

El conocedor de la consciencia es anterior a ella, por lo que esta consciencia finalmente se funde y descansa en dicho conocedor. *Maya* siempre aparece con la consciencia y, para trascenderla, hay que meditar en el Sí mismo. Aunque nuestra sensación de ser es unitaria, opera en una miríada de formas, reposando a la postre en *Purusha*. Nuestra cognitividad necesita descansar durante varias horas cada día y encontrar consuelo en *Purusha*. Esto es *hiranyagarbha* o la inteligencia cósmica, también conocida como consciencia universal. El contenido de nuestra existencia reside en nuestra consciencia. Aunque es pura, la adora con este cuerpo impuro. Corríjase y adore su consciencia meditando en ella. Durante la meditación, verá un punto brillante como un diamante. Sepa que es el *hiranyagarbha*, el cual se desvanece cuando es reconocido.

La consciencia, como la salida del sol, está plagada de actividades y siempre busca más. Enseñe a su mente que es *Ishwara* y que básicamente carece de forma. La sensación de ser posee la cualidad de *sattva*: sin conocerlo correctamente, no puede haber paz eterna.

Maya es la casta y obediente esposa de *Ishwara*, quien es el único que es. *Maya* termina fundiéndose con él. Para controlar el vórtice de *Maya*, debemos dirigirnos al sustrato de nuestra existencia y buscar su presencia.

74

La liberación es la cognitividad conociéndose a sí misma

La ilusión se inicia con la consciencia, y de ahí que se pueda utilizar en este caso la palabra *gunamaya* o consciencia-ilusión. Todas las actividades acaecen por el significado de las palabras. Cualquier evento solo puede explicarse o expresarse mediante el uso del lenguaje. Las palabras dan nombre a otras palabras. Cuando pronunciamos palabras acerca de una cosa o de un determinado evento, decimos: «¡Ah! Ahora lo entiendo». Si realmente comprendiese las palabras de las que se habla aquí, se daría cuenta de que se desvanece su sensación de ser.

Lo que surge en la mente se denomina *Maya* y aquel a quien le ocurre es *Ishwara*. Las palabras y los nombres solo tienen utilidad hasta que se reconoce su verdadera naturaleza, momento en el cual dejan de ser útiles, al igual que la comida una vez que nos hemos saciado. Si bien los nombres sirven para dar ciertas indicaciones, incluso para eso solo utilizamos palabras.

¿Cuál es el contenido de la consciencia? Depende del concepto de consciencia. *Jnana* no puede ser percibido, ya que *jnana* y *jnani* carecen de forma. ¿Quién está esclavizado o es libre? Si dejamos de lado ambos términos, «esclavizado» y «libre», ¿qué nos queda? Mientras el conocimiento considera que es el cuerpo, se dice que está «esclavizado». Pero, una vez que el conocimiento comprende su verdadera naturaleza, es «libre».

Su existencia carece, en realidad, de un cuerpo. Hace cien años, su existencia era anterior a la consciencia, sin ningún adjunto o atributo. Pero ahora los adjuntos o *gunamaya* ocurren en forma de cuerpo, mente y mundo. Este es el conocimiento que le hace sentir que existe, y que existe un mundo ahí fuera, incluso cuando de hecho no hay nombres ni formas.

La cognitividad se resiste a abandonar la obstinada noción del «yo» y la identidad corporal. Esa es la razón por la que la consciencia del «yo soy» rebosa de dolor y sufrimiento, haciendo que la vida resulte insoportable. Para hacer frente a la vida, uno tiene que efectuar todo tipo de actividades. Al estar en el cuerpo, uno permanece insatisfecho. Las múltiples actividades de la vida solo tienen el objetivo de mantener ocupada a la cognitividad. Rara vez se encuentra a una persona que esté libre de la dualidad. Aunque esa persona está en el cuerpo, sin embargo, no lo disfruta.

Es plenamente consciente de que las actividades de las personas tan solo son el juego de *gunamaya*, que se lleva a cabo meramente para distraer a la cognitividad.

75
Permanecer en la espontaneidad

¿Dónde comenzó su consciencia? El nacimiento no es más que la expresión del cognitividad junto con la consciencia. Es esta consciencia, y no el cuerpo, la que prueba el nacimiento de la persona. De hecho, la consciencia carece de nombre o forma específica, aunque sea posible asignarle muchos nombres de manera que lleve a cabo sus actividades en la vida. La consciencia no es individual, sino que es pura. Se nos otorga un nombre debido a nuestra forma física. No es posible describir la consciencia aduciendo argumentos. Nuestro cuerpo es la herramienta que sostiene a la consciencia, la cual cuenta con numerosos nombres, aunque en realidad está más allá de cualquier nombre y descripción. Porque, si bien podemos llamarla *Brahman*, *maya* o Dios, no es más que cognitividad o consciencia pura.

El nacimiento significa que la cognitividad, que es espontánea y evidente, comienza a resplandecer. Dondequiera que haya espacio, existe la presencia de nuestro ser. Está más allá de designaciones referentes a casta, credo o secta. Nuestra verdadera existencia o *swarupa* es eternamente libre.

Las *gunas* o cualidades ni siquiera tocan a la consciencia. ¿Qué significa la presencia de *jnana*? Significa que resurge y es reconocida la auténtica naturaleza de la consciencia, la cual permanecía dormida. Las experiencias cotidianas de la vida no afectan en absoluto a la consciencia.

La mente, el intelecto y los deseos son diferentes dependiendo de las personas, pero son meras cualidades de la identidad corporal. No forman parte del conocimiento puro, que es verdaderamente libre. Aunque la consciencia parece estar sumergida en la actividad, su auténtico estado es el que poseía antes de manifestarse. Lo que desemboca en alegría o tristeza no es el auténtico *jnana*, mientras que el conocimiento que se ve afectado por las transacciones diarias o *vrittis* y los sucesos de la vida no es sino conocimiento mundano.

¿Acaso *no* somos antes de saber que *somos*? Cualquier cosa que sea presenciada por la consciencia no es capaz de afectarla. La consciencia es difícil de realizar. Aunque hace que las cosas sean visibles, ella misma es invisible. Las cosas que aparecen en la consciencia no la perturban. El niño puede disfrutar al verse vestido, pero no percibe ningún significado o importancia en el cambio de ropa. El liberado puede ser muy activo, pero su actitud es como la de un niño. Lo importante es tener conocimiento del Sí mismo. El conocimiento real de nuestra consciencia resulta esencial, ya que es esta la que hace que todo adquiera importancia.

Si nos elogian o maldicen en un idioma extranjero, no nos afecta. Pero, al considerar que la mente y el intelecto son nuestro yo real, empezamos a apropiarnos de los placeres y dolores que nos trae la vida. Solo la consciencia es capaz de conocerse a sí misma; ninguna otra facultad es capaz de conseguirlo. De hecho, no existe ninguna entidad capaz de conocer esta consciencia no dual. *Vijnana* quiere decir aquello que está más allá de todas las experiencias. Así pues, estabilice eso que es espontáneo y no se moleste en abordar lo que tan solo es una colección de resultados de sus experiencias.

76
Hay que buscar la fuente

La cognitividad cuenta con diez miembros. Los cinco elementos básicos son tierra, agua, fuego, aire y espacio. Luego están las tres cualidades de *sattva*, *rajas* y *tamas*, mientras que los dos últimos son *Prakriti* y *Purusha*. Hasta el más pequeño grano de tierra está formado por los cinco elementos. Es debido a la consciencia que nos denominamos seres vivos. Y es de ese modo como nos manifestamos. Este poder de manifestación es universal y está al alcance de todos. La consciencia personal solo es una pequeña fracción de la totalidad. Al asumir las limitaciones del cuerpo, usted se siente perturbado por el temor. El universo es como una película que se origina en la fuente de la cognitividad. Dondequiera que haya cuerpo y consciencia, los cinco elementos han de estar presentes. Y, allí donde no hay ni cuerpo ni consciencia, brilla *Parabrahman*. Esta manifestación, que no se debe a nuestra intervención, es el resultado de la interacción de los cinco elementos junto con la consciencia. Para conocer esta verdad, debe rastrear su origen y familiarizarse con ella. No se enrede en lo que percibe, sino tan solo busque su origen. Y, para buscar el origen, hay que observar hacia dentro y encontrar aquello que es anterior a toda existencia.

¿Qué significa buscar el origen? Significa averiguar de qué

modo se origina la consciencia, la cual emerge a partir de una chispa creada por la luz llamada *Bhagavan*. Esa chispa se convierte en forma. De la ignorancia primordial, aparece una semilla de cognitividad. ¿Nos acompaña esta cognitividad en todo momento? No. Lo que está despierto ahora estará dormido por la noche. Por lo tanto, el estado de vigilia es falso. Incluso en el estado de sueño profundo, se desvanece por completo este mundo magnífico, por lo que no puede ser real. El sueño profundo concluye con el estado de vigilia, con lo que el mundo exterior aparece de nuevo. ¿No es este estado de vigilia una ilusión que emerge a partir del sueño profundo, que de hecho es ignorancia?

Así es como ocurre: en el sueño profundo, de repente y de manera espontánea se produce la experiencia de la conciencia, y aparece el mundo de los sueños. Este mundo onírico prosigue mientras se supone que dura el sueño. Cuando el proceso de soñar se detiene, vuelve a desaparecer sin dejar rastro. De esta ilusión surge el estado de vigilia junto con la sensación de ser un individuo. ¿Cómo puede ser real esta «yo-soy-dad» que emerge a partir de este sueño despierto? Si fuese real, debería ser eterna e inmutable. Por consiguiente, la cognitividad que uno posee en el estado de vigilia es un asunto temporal. ¿Qué importancia se le puede otorgar a los méritos o deméritos obtenidos en este estado ilusorio? Todo conocimiento depende del alimento que consume el cuerpo y, por tanto, es mundano y solo tiene un valor material. Si no hubiera comida, no habría cuerpo. Es debido a la comida que usted existe.

Aquello que denominamos *prana* o fuerza vital depende del

alimento y del *jnana*, los cuales se apoyan en el cuerpo que, a su vez, depende del *prana*. La existencia resulta poco atractiva. Después de saber que es irreal, ¿seguirá usted albergando esperanzas, deseos y ansias? La respuesta a esta pregunta debe surgir de lo más profundo de su corazón.

77

Trabe amistad con lo primero que conozca durante la meditación

La consciencia es el producto de los cinco elementos; es decir, tierra, agua, fuego, aire y espacio, los cuales son la expresión mínima de la consciencia. Solo existe la manifestación, pero no la expresión individual de la misma. De hecho, no hay nacimiento ni muerte. Las inevitables dolencias del cuerpo, originadas en la perturbación de los constituyentes corporales, causan sufrimiento a la consciencia, la cual puede experimentar dolor en cualquier momento y por cualquier motivo. De ahí que uno se halle en constante temor.

El agua da lugar a las plantas que, a su vez, dan lugar a la consciencia, la cual encuentra su máxima expresión en los seres humanos, permaneciendo en estado de latencia en el vientre materno durante nueve meses, periodo en el que no experimenta ningún dolor. Con la aparición de la consciencia, el bebé nace, llora y respira, aunque todavía no es consciente de su propia existencia.

Al igual que se requiere un mínimo de cuatro o cinco ingredientes para preparar una deliciosa receta culinaria, los cinco elementos se combinan para constituir la cognitividad, la cual aporta el sabor de nuestra existencia. Sin embargo, este sabor está constituido de *sattva*, que no soy yo. Dado que no soy este cuerpo, que solo es la esencia del alimento, ¿qué puede decirse de mí?

¿Cómo encontrar entonces nuestra verdadera naturaleza en este cuerpo? El cuerpo se mueve debido al *prana*, la fuerza vital, y también a causa de la consciencia. No hay nada en este cuerpo que posea una identidad, sino que terminamos aceptando como verdaderos todos los conceptos relativos a nuestro cuerpo.

Una idea parece complicada hasta que la advertimos, la captamos y la entendemos correctamente durante la meditación. Cuando uno se deleita en la gracia del *Guru*, los asuntos de la vida no constituyen una molestia. La noción de vinculación seguirá existiendo mientras aceptemos que nuestro cuerpo y el mundo exterior son verdaderos. Pero ¿dónde van a parar cuando comprendemos que nuestra naturaleza es irreal? La totalidad de la existencia no es sino el juego de *chaitanya* o de los cinco elementos.

La cualidad de *sattva* proporciona longevidad. *Rajas* y *tamas*, por su parte, sostienen su actividad. Las *gunas* son transitorias, pero aquello que es anterior a ellas es eterno y verdadero. Eso que ilumina y atestigua nuestra existencia está siempre presente y no cesa de existir en ningún momento. Esta verdad solo resulta autoevidente al alcanzar el estado de *nivritti*, en el que uno pierde incluso su sensación de ser. De hecho, lo primero que llegamos a conocer cuando nos despertamos es nuestra propia existencia. Solo entonces emerge el conocimiento de la existencia de los demás. Trabe amistad con este primer conocimiento que se produce gracias a la meditación. A medida que medite, se dará cuenta poco a poco del objetivo último de la meditación.

La aparición de este mundo no es sino un sueño. Pero no es posible decir cómo y cuándo empezó todo. Esta misma apariencia de despertar es falsa, ya que el mundo solo perdura un tiempo. La consciencia es el *chaitanya* dinámico, el cual está más allá de méritos y deméritos. Pero cuando los cinco elementos se entrelazan para constituir un cuerpo, comienza el sufrimiento del temor, debido al pecado y a los méritos.

78

Todos sus conceptos se desvanecerán

El Señor Brahma conoce su ser y eso supone su iluminación. La palabra sánscrita karma significa acción. Creemos que lo hacemos todo, pero nadie ha tenido la opción de nacer y de merecer el control de su existencia. Simplemente ha sucedido, y debemos aceptarlo. Este cuerpo no es más que materia asumiendo una forma. La idea de que ser religioso le beneficiará es un mito. No santifique los méritos ni desprecie el pecado. Porque nadie nunca asume una forma contemplando o efectuando determinadas acciones. ¿Para quién están destinadas estas acciones?

Por supuesto, la teoría del karma, de los méritos y deméritos cosechados durante esta vida, es válida para quienes creen firmemente que son el cuerpo. Los que consideran que son el cuerpo viven según la opinión y el juicio de los demás y siguen aferrados a sus conceptos.

¿Imagine cómo se comporta en el vientre de su madre el bebé que aún no ha nacido? ¿Sueña con su propia existencia? ¿Sueña incluso con su propio ser? Reflexione profundamente en esto. Mientras crea que es el hacedor de sus acciones no se conocerá a sí mismo. Nuestra consciencia de ser es el suceso repentino de un movimiento carente de razón.

En el momento en que lo conoce, sabe que no ha llegado ni se irá. En realidad, carece de casta o de títulos. Al igual que Mumbai no es afectado por ningún suceso bueno o malo que ocurra allí, *Paramatman* no se ve perturbado por los acontecimientos del universo. Eso es, de hecho, lo que usted es. ¿Quién le dice cómo debe preocuparse por los karmas? Lo dice *Parabrahman*, el cual está más allá de la ilusión. Cualquier concepto que esté profundamente arraigado en usted no permanecerá para siempre. Pero aquello que es incomprensible y que no es una creencia sí que perdurará para siempre. El cuerpo no es sino otra palabra para designar el sufrimiento, aunque el sufrimiento no es nuestra verdadera naturaleza. Por lo tanto, no somos el cuerpo. La consciencia que reside en el interior de su cuerpo, y la consciencia que impregna el espacio exterior, no difieren entre sí.

79
El sabio es la paz misma

La palabra *sant* o sabio implica una paz no adulterada en la que se cumplen todos los deseos. La literatura del pasado elogia profusamente los beneficios derivados de disfrutar la compañía de los sabios. El discípulo que se deleita con las palabras del sabio tiene poco más que hacer como parte de su *sadhana*. ¿Cuál es el conocimiento que lo convertirá a usted en *Sadguru*? Es el conocimiento de su propia consciencia. Aquel que ve que las enseñanzas de su *Sadguru* son su propio *anubhava* o experiencia directa no necesita ninguna otra *sadhana*. El *Sadguru* le dice: «Usted no es el nombre y la forma que creía ser, sino que es la consciencia infinita, inmutable y eterna».

Usted es lo mismo que *Paramatman* y nada más que eso. Ámelo como si fuese su Sí mismo más preciado. Haga todo lo que la vida le exige, pero no se aparte de las enseñanzas del *Sadguru*, que le muestran que usted es el Absoluto.

Así como la existencia del mundo se conoce debido a la consciencia, la existencia del Absoluto también se conoce en virtud de la consciencia. De hecho, para mí el nacimiento no ha ocurrido en absoluto. A quién le ha sucedido realmente se aclara adorando al *Sadguru*. Como nuestra muerte es inevitable, ¿por qué hacerla indigna? Haga el esfuerzo decidido por conocer el hecho de que, «Si existo, entonces no soy nada más que *Brahman*, tal como señala el *Guru*».

80
Alíese con su consciencia

El Señor Krishna nos proporciona una definición precisa de todas las cosas, desde el *Paramatman* hasta los animales e insectos más minúsculos. El nacimiento humano, aunque irreal, es sin embargo parte de nuestra experiencia. La imagen del sol se refleja en una gota de agua, pero cuando la gota se seca, incluso un niño puede decir que el sol no está ahí. Del mismo modo, los ignorantes creen que la persona deja de existir cuando su cuerpo muere. En realidad, el *Atman* es eterno y no está limitado por el nacimiento o la muerte, sino que siempre existe. El *sattva* presente en el cuerpo parece otorgarle forma. Para alcanzar la liberación, uno debe desidentificarse del cuerpo y trabar alianza con su consciencia.

Los atributos perduran tanto como el *sattva* persiste en el cuerpo. El cuerpo es clasificado como masculino o femenino debido a su forma particular. Y, al fin y al cabo, es una creación del *sattva* o del alimento consumido por la persona. Usted no es aquello que puede ser objetivado. Para percatarse de que solo es el conocedor de las experiencias sensoriales del cuerpo, practique el vivir como si no tuviese un cuerpo. Entonces, poco a poco, se tornará evidente que, sean cuales sean las experiencias que le sobrevengan, estas no le afectan. Uno debe recordar la santidad de los sabios y que su verdadera naturaleza no es este cuerpo, sino *Paramatman*. El cuerpo solo es un mal sueño. Debe tener en cuenta que usted es la pura consciencia. Medite siempre en esta idea y abandone el concepto de individualidad. Dotado de esta firme resolución, debe albergar la convicción de que es *Brahman*. Fije su mente en el *swarupa*, su verdadera naturaleza. En cuanto se percate de la realidad de su presencia y de cómo se produce esta, usted será la libertad misma.

81

Su *Guru* y Dios son el Sí mismo

Mi naturaleza absoluta es *Brahman*. Lo que queda cuando se filtra todo lo demás, es la cualidad pura de *sattva*, que es el amor hacia uno mismo, el *Ishwara Bhagavan* carente de forma. Cuando se utiliza la consciencia para meditar sobre ella misma, resplandece *viveka*. La luz de *jnana* se ilumina con fuerza y usted se percata de que su *Guru* y Dios son el Sí mismo. Sin embargo, las tendencias básicas de *rajas* y *tamas* son las que predominan ahora e impiden que brille el *sattva*.

Cuando las tres cualidades de la persona se funden en un solo conocimiento indiviso o comprensión no dual, eso es el estado de *Vijnana*, un estado más allá de la consciencia. Cuando el *sattvaguna* predomina en la persona, esta deja de interesarse por los placeres mundanos y sensoriales. La auténtica renuncia es el desinterés por los objetos de los sentidos.

No ha nacido con su conocimiento o con su consentimiento. ¿Por qué entonces firmar su resguardo de entrega? Su nacimiento fue inesperado para usted. Tampoco es posible predecir cuándo terminará la experiencia del nacimiento humano. Sin embargo, esta experiencia humana es transitoria. Analice y evalúe la realidad de la experiencia de la vida humana y averigüe si este nacimiento ha ocurrido en realidad. El devoto que disfruta de la consciencia es conocido como *Radharaman*. La palabra *Radha* quiere decir *sattva*, o el material alimenticio, mientras que *raman* se refiere a aquel que disfruta de la consciencia.

El que mora plácidamente en su propia beatitud celestial interior no necesita anhelar los placeres lánguidos, míseros o prestados del mundo. Cuando la propia consciencia se funde en sí misma, eso es el verdadero *nivritti* o renuncia, mientras que el *samadhi* no es más que el recuerdo del ser fundiéndose en el *sattvaguna*. Con el tiempo, uno ni siquiera es consciente de su existencia separada.

82

Nirguna consiste
en no saber si uno es o no es

Lo que somos ahora no es una mente o alma individual. Cuando la persona que se identifica con el cuerpo se percata de que carece de nombre y forma, resurge el conocimiento de ser uno con Dios y se disuelve su «yo-soy-dad». El ignorante sigue a la mente y se identifica con la forma de su cuerpo. Pero la misma definición de la mente es una mera imaginación que depende por completo de la «yo-soy-dad». El comportamiento de la mente depende, a su vez, del ego de la persona, de aquello que cree ser. Cuando digo que *Parabrahman* es inmaculado e impoluto, significa que está más allá de nuestra imaginación, así como de la sensación de ser.

El que no está subyugado por la mente se libera de las modificaciones mentales y no se aferra a nada. Esa persona es incondicionada y carece de atributos. El principal problema radica en pensar que uno posee forma. Mientras no existía el concepto de tener un cuerpo dotado de nombre y forma, tampoco había experiencia del tiempo. El que se empapa de este conocimiento se percata durante los últimos momentos de su vida que el *prana* abandona el cuerpo y que la consciencia se torna dichosa y libre de atributos.

Quien reconoce que su estado de vigilia es como el estado de sueño ve cómo el *prana* abandona la envoltura carnal en perfecta felicidad y ausencia de dolor. Durante la hora final de la partida, experimenta una dicha que supera toda la felicidad recibida durante su vida y el miedo está completamente ausente. Para el iluminado, el fenómeno de la muerte muere incluso mientras su cuerpo sigue vivo. La persona que experimenta este conocimiento contempla el final del tiempo en su llamada defunción. No es él realmente, sino el tiempo mismo, el que nació como un niño, siendo alimentado por las tres *gunas*.

Las tres cualidades de *sattva*, *rajas* y *tamas* están imbuidas en cada bocado de comida que consumimos. Recuérdelo y dirija su atención a los pies del *Guru*. Mientras el *sattva* bulla en el cuerpo, la consciencia seguirá existiendo. Cuando se agote la quintaesencia del alimento, la consciencia se convertirá en *nirguna*, lo incondicionado. En el momento de la muerte, el *jnani* se siente colmado de dicha. Es un momento de gran tribulación solo para el ignorante, pero no para el sabio.

En la vida, las cosas buenas se hacen esperar. Debe contemplar ahora cuál será su naturaleza cuando arribe el momento. Aquel al que apunta finalmente la consciencia es *Paramatman*. Cuando la consciencia escucha este conocimiento, se percata de que su verdadera naturaleza es anterior a ella. *Nirguna* es no saber si uno existe o no. Solo ese tipo de persona alcanza el sublime estado de la iluminación.

83
Él siente
que no tiene que hacer nada

El testimonio del cuerpo, de la mente y del *prana* le sucede a nuestra verdadera naturaleza, que en sí misma carece de nombre y forma. Sin embargo, puesto que ahora posee nombre y forma, debe servirse de ellos. Permanecer en la verdadera naturaleza y en la genuina religión es morar en la verdad mostrada por el *Guru*. Manténgase firme en la comprensión de que su naturaleza real es aquello que era antes de escuchar ningún sonido. Cuando uno se da cuenta de que el llamado nacimiento es un mito, alcanza la iluminación y se convierte en *siddha*, en un liberado que accede a la meta última. En el momento en que uno se establece en la comprensión de su genuina naturaleza, disminuyen los karmas pasados y sus efectos. A esa persona no le queda nada por hacer.

Ver que existen «otros» es un signo de dualidad. El liberado no ve a ningún otro, como tampoco hay otros que lo vean a él, ya que no hay nada más que él. El que conoce al Sí mismo en su interior es un *swami* o iluminado. El que uno sea popular entre sus amigos y parientes es mera imaginación. Escuchando diferentes consejos y tratando de seguir múltiples instrucciones, solo conseguimos extraviarnos más en la vida. Su verdadera naturaleza siempre será la misma que era antes de la irrupción de su sensación de ser. Es la misma ahora y seguirá siéndolo después de que haya ido, igual que la naturaleza de un niño no nacido. ¿Podemos comparar la felicidad del bebé no nacido con la del que nace y crece? Haga lo que deba hacer, pero siga el consejo del *Guru* y conocerá la genuina felicidad.

84

La cognitividad nace, pero no su conocedor

Todo ser vivo se ve inmerso sin cesar en una red de relaciones. La enfermedad de los apegos provoca la sensación de que uno está incompleto, lo cual solo puede ser curado por la gracia del *Sadguru*. Pero ¿dónde encontrar dicha gracia? El reflejo de la gracia del *Sadguru*, un reflejo de satisfacción y paz que se experimenta de inmediato cuando cerramos los ojos. Esta es la ventaja de la gracia benevolente del *Guru*, conocida como *sahajavastha*, el estado natural del ser. Nunca olvide contemplar el reflejo de la gracia del *Guru*. Cuando reconozca su importancia, el universo entero se convertirá en su familia. Incluso si lo reconoce tan solo una vez, se convertirá en parte de la familia universal.

Lo que ahora considera que es el disfrute de la felicidad es solo un concepto equivocado. La única felicidad real consiste en permanecer en nuestra verdadera naturaleza, la cual no depende de factores externos. Cuando la consciencia activa se olvida de sí misma, se produce un verdadero descanso. Considere que su consciencia es *Ishwara* y préstele atención.

Al igual que una sola semilla de maíz plantada en la tierra adecuada puede brindar una cosecha que prolifera en multitud de plantas de maíz, también esta cognitividad, la sensación de nuestro propio ser, es capaz de producir, si le presta la debida atención, el poderoso resultado de conocer al Señor mismo. La consciencia se percata de todo lo que está en su campo. Pero ¿cómo pueden la consciencia, el intelecto y la mente conocer aquello que es testigo de la ausencia de cognitividad? La consciencia sucede, pero su conocedor existe eternamente. De entrada, cuando la consciencia se manifiesta en el bebé, no es consciente de entrada de sí misma. Cuando nace la cognitividad, inicialmente no conoce nada, ni siquiera es consciente de su propia existencia.

El embrión tarda nueve meses en ser consciente. Después de nueve meses de estado embrionario es liberado en el mundo como una forma que posee un estado de cognitividad. De esta manera, el sufrimiento es inevitable. Como este estado es producto de los cinco elementos, incluso la llamada satisfacción acarrea un dolor que nadie es capaz de controlar, ya que el propio controlador es solo el producto de los cinco elementos. Por lo tanto, no hay nada que pueda hacer al respecto, sino tan solo verlo y reconocerlo tal como es...; es decir, como *jnana* o consciencia del universo.

El *jnani* o iluminado conoce la consciencia. El conocedor de la consciencia carece de rituales, observancias religiosas o restricciones que seguir. Cuando se conoce el *jnana*, se produce la tranquilidad, y dejan de haber discusiones o razonamientos acerca de este tema. Lo que ve el *jnani* es la luz del conocedor de la consciencia. Y, aunque no hace nada, todas las cosas ocurren a través de él. Su presencia está siempre en el fondo de todo cuanto conoce. Para él no existe el concepto de muerte, ya que ese concepto nace a partir de habladurías. Tan solo es un rumor completamente falso.

Para realizar nuestra verdadera naturaleza, debemos volvernos más pequeños que un átomo, de manera que perdamos nuestro nombre y forma. Toda la materia es una parte del universo. La verdadera forma de su cuerpo también es este universo, aunque ciertamente no sea lo que usted es. El cuerpo no es más que el alimento que consumimos y el producto de los cinco elementos. ¿Qué lugar ocupamos nosotros dentro de esos elementos? Si considera que usted es el cuerpo burdo, también puede verse como el universo, puesto que ambos son la consecuencia de los cinco elementos. Es su condicionamiento el que le induce a creer de manera poderosa que usted es el cuerpo burdo. El conocimiento último de nuestra verdadera naturaleza es *paramartha jnana*, el camino del autoconocimiento.

El que desconocía su propia existencia de repente se tornó consciente de la totalidad del universo. Cuando se produjo el nacimiento, fue como despertar de un profundo sopor u olvido en el que, de pronto, se activó la cognitividad dormida. En este estado de eseidad o de vigilia, el sueño tiene lugar como un olvido. La vigilia y el sueño profundo, junto con la cognitividad, crean la sensación de continuidad en nuestro ser.

Este estado carece de utilidad, ya que es una etapa pasajera que aparece y que, por consiguiente, también debe desaparecer algún día. El estado en que uno se expresa y manifiesta como una entidad se debe al amor hacia uno mismo. Aunque este *ajnana* o ignorancia se halla presente en las etapas iniciales de la vida, madura con el tiempo y, más adelante, brilla finalmente como *jnana*. Aunque el verdadero conocedor de este *jnana* no es consciente de sí mismo, es sin embargo el iluminador de ese *jnana*. Sin tratar de conocer la consciencia, el *jnani* es su conocedor.

El iluminado es amigo de *nirguna* o lo que carece de atributos. El cuerpo posee una consciencia sustentada por el alimento. El conocimiento sin forma es solo una manifestación, pero es la forma que se produce debido al consumo de alimentos la que crea a la persona, puesto que los alimentos nutren el *prana*.

Hay que aprehender la verdadera naturaleza de uno mismo mediante la meditación. La meditación es beneficiosa, pero en lugar de practicarla, malgastamos el tiempo preocupándonos, lo que conduce a nuevas obstrucciones en el camino espiritual. Una vez que la mente se torna adicta al camino de la indulgencia, usted no tiene manera de escapar de ella y controla su vida entera.

El cuerpo no es su verdadera naturaleza, sino solo una ofrenda al Sí mismo. Usted no es esta ofrenda, sino que es el testigo tanto del estado de vigilia como de sueño. En ausencia de la sensación de ser, no habría *Brahman* ni ilusión. Junto con los cinco elementos, hay un conocimiento universal que es el conocimiento de *Brahman* y el conocimiento del ser debido a la consciencia. La consciencia no surge de rituales espirituales como el ayuno, sino de los alimentos consumidos.

Este cuerpo surgió de la nada, pero lo que nace no es la persona, sino tan solo una colección de placeres y dolores. Se dice que el no nacido nace y de esa manera sigue sucediendo la vida. A efectos prácticos, el Señor Rama está muy presente. Sin embargo, de hecho, todo lo que existe es la paz eterna y no manifestada o *Paramatman*, que es adorado incluso por el Señor Shankara.

85

Brahmacharya significa
vivir como *Brahman*

El proceso de despertar cada mañana abre la ventana al mundo exterior y al conocimiento de que existimos. Esto es amor hacia uno mismo. Por su parte, *Vairagya* o desapego conlleva la comprensión de que este amor hacia uno mismo es falso. El concepto de un ser vivo también es fundamentalmente falso y este hecho debe ser conocido. Para lograrlo, deje de preocuparse por sus ansiedades infundadas y piense solo en la contemplación constante de la realidad.

¿Podríamos distinguir unas pocas gotas de agua salpicadas en una superficie del vasto océano? De igual modo, la cognitividad del individuo no mantiene una existencia separada. Nos equivocamos al considerar que es independiente. Esta cognitividad es omnipresente y no se limita a una sola persona. La persona es simplemente una suposición. Donde hay pensamientos, también hay deseos. ¿No es esto un triste comentario acerca de la vida?

Es la cognitividad la que da lugar a este fenómeno. Mientras perduren los conceptos del cuerpo y de sus experiencias, usted deberá consagrarse al conocimiento del ser. Mientras tenga la experiencia del cuerpo, será consciente de su forma. Pero el hecho es que no es «nuestra» forma. Usted debe entender que se trata de una experiencia transitoria, pero no de su verdadera naturaleza. Recuerde que algún día desparecerá esta sensación de ser una existencia separada e independiente. No podemos impedir que acaezca aquello que está destinado a suceder. Intente poner fin a sus convicciones acerca del Sí mismo. Se trata tan solo del juego del *prana* y la consciencia, que no es suyo ni mío. Lo que no se ha manifestado es nuestra auténtica naturaleza y lo que es tangible, perceptible y algo de lo que podemos ser conscientes, solo es nuestra expresión. El devoto y la devoción son Dios mismo. La consciencia reside en el estado de *nivritti* o renuncia total, que es su destino último.

El atributo de *sattva* gobierna las otras cualidades de la vida, que son *rajas* y *tamas*. Por eso se dice que *jnana* posee la cualidad de *sattva*. El universo funciona por sí solo, impulsado por los cinco elementos y las tres cualidades. No hay relación alguna entre ellos y usted. *Prakriti* y *Purusha* (manifestación y divinidad) no son individuales, sino espejismos de *chaitanya*. Creemos en lo que pensamos que somos, lo cual es ignorancia. Las cosas ocurren sin que nosotros hagamos nada de nuestra parte, y esa es una función de la consciencia.

No me sirve la manifestación, ni la vasta expresión de mi ser que es omnipresente. *Parabrahman* es aquello en lo que finalmente todo se funde y se desvanece. Solo el amor funciona y permanece activo en este momento. Eso es lo que conocemos como nacimiento.

El que se torna uno con *Brahman* no tiene consciencia de

ser. Cuando se funde con el *Brahman* infinito y pierde su propia identidad, ¿quién podría recordar su individualidad? Es un estado de pureza e inmutabilidad inconcebible. La sensación de ser es, sobre todo, una distracción. Reconozca su naturaleza inmaculada, que está más allá de la imaginación, y no se apoye en el concepto de su eseidad. Si comprende esta sabiduría, eso es *jnana*. Entienda que no es el que ha nacido, ni el que está destinado a perecer algún día. Intente conocer su nacimiento, el cual ha llenado todos los lugares con nombres y formas.

El nombre otorgado a un recién nacido se basa en su género, pero el testigo de ese nombre carece de género. Los sucesos de la vida que van ligados a este nombre ocurren aparentemente, pero son irreales. La vida le sigue sucediendo a esa persona en virtud de la fuerza y popularidad de ese nombre.

Mientras la cognitividad experimente el vivir, uno debe padecerlo. El resultado del llamado nacimiento es completamente inútil. *Brahmacharya* significa conducir la vida con la comprensión de que «soy *Brahman*». Por último, también se llega a entender que el concepto de *Brahman* no es sino una ilusión. La cognitividad o la sensación de ser es un concepto que depende del *prana*, mientras que la consciencia solo es una impresión debida a este concepto.

86

Todo esto solo es Eso

¿Quién fue testigo del *pralaya* o la gran destrucción? ¿Dónde acaeció esta? ¿Y quién informó de ella? Eso reside allí donde se detiene el tiempo. Es un episodio interesante en la epopeya religiosa. Pero yo, el que está frente a usted con esta forma, no fui tocado ni siquiera por esa gran destrucción y sigo sin verme afectado por ella. Todos los seres perciben los placeres y los dolores de un modo u otro. Solo yo no tengo color ni forma, por lo que mi naturaleza real es imperceptible.

Parabrahman también recibe el nombre de *Vastu*, aquello que existe. Aunque porto la antorcha de *jnana*, no soy ni la antorcha ni la luz que emite, sino que soy el conocedor de esa luz. Las cualidades heredadas de los cinco elementos gobiernan la vida en este planeta. Los jugos alimenticios y la vegetación crecen en la tierra haciendo que surjan innumerables formas de vida. La esencia de la tierra dirige toda la vida.

Los sistemas climatológicos provocan monzones que producen cosechas. Esto mantiene la vida en el planeta, lo que a su vez produce la consciencia en diferentes formas. Como consecuencia, la consciencia está ligada a las leyes de este mundo, las cuales reciben el nombre de *prarabdha* o destino. *Sattva* o la quintaesencia de los alimentos producidos por la tierra contiene tanto la sensación de ser como el *prana*. El *sattva* vigoriza la vida, siendo de importancia primordial para la vida en la tierra.

La cualidad más importante del *sattva* es la consciencia, la cual sostiene la vida en todos los seres. Al principio aparece el *prana* y después le sigue la consciencia, la cual termina percatándose de su propia existencia. El ser se denomina de acuerdo a su forma. La consciencia manifiesta es vasta, pero la no manifiesta no tiene ningún conocimiento.

El *Brahman* no manifiesto carece de atributos o añadidos. En tanto que individuo, la cualidad más prominente del *sattva* es *rajas*. De hecho, las tres cualidades –*sattva*, *rajas* y *tamas*– son una sola. Las diferencias de color y forma que resultan visibles en los seres se deben a la luz de *sattva*. El *prana* existe mientras haya alimento, y debido al *prana*, surge la consciencia. La vida ocurre en la tierra donde las semillas residen en estado de latencia. *Paramatman* no tiene ningún «yo soy». Todo esto es solo *Parabrahman* y nada más. Lo que no es percibido por los sentidos y no es sentido como existente, está siempre presente. Eso es lo que somos.

87

Ser en la consciencia del Sí mismo

Usted adora a Dios y al *Guru* con gran devoción, pero desconoce el verdadero significado de la devoción. Es consciente de que lo que ve y siente es una ilusión y, sin embargo, no desaparece el apego a las posesiones y las relaciones. Esto se debe a que considera que nombre y forma son su auténtica naturaleza. *Bhagavan* afirma que, si contempla su presencia y su esplendor dentro de usted, se desvanecerá la realidad aparente de este cuerpo y se dará cuenta de que «usted» no es el cuerpo.

Bhagavan declara que todos los seres humanos son expresiones distinguidas de *Bhagavan*. De ahí que muchas personas reciban nombres de dioses. La consciencia, que es *Bhagavan*, se ve impulsada por la diosa *Bhagavati*. La prueba de la presencia de Dios en nosotros es nuestro conocimiento de que somos, lo cual se debe a nuestra propia consciencia. Pero no somos el cuerpo. *Bhagavan* afirma: «Preste atención a mi verdadera grandeza y conozca lo que es».

Debe dirigir su atención hacia su consciencia interior e investigar su naturaleza. El concepto de mérito y pecado es un golpe a nuestra identidad corporal. Sin embargo, ni pecados ni méritos afectan al *jnani* cuya consciencia del cuerpo se ha desvanecido. Aunque el *jnana* permite verlo todo y experimentar la vida, en sí mismo resulta invisible a los sentidos. Es no dual y existe completamente por sí mismo. Si tuviera el más mínimo atisbo de dualidad, se autorrevelaría. Es *Chaitanya* o consciencia cósmica omnipresente. *Chaitanya* carece de límites y de ahí su omnipresencia. Esta cognitividad, que acaeció sin permiso alguno, es mi principal identidad. *Jnana* es *sattva* y lo que experimentamos de manera inmediata es la «yo-soy-dad». Nuestro conocimiento de que existimos se denomina consciencia y es la verdadera esencia o la gran realidad. Es el principio de todos los principios y lo que hace que los *Mahatmas* sean santos. La evidencia directa de la existencia de Dios es el conocimiento de nuestra propia eseidad. Si usted sabe que existe, solo entonces Dios sabe que existe. Es la presencia del «yo soy» la que torna posible esta alquimia.

Este mundo desenfrenado, caótico y perturbado comenzó con el principio de *mulamaya*, la ilusión primordial. ¿Existe algún lugar en la tierra donde podamos decir que no hay desorden o caos ni siquiera por un instante? La lucha y el desorden pertenecen a la familia de *mulamaya*. A menos que uno se olvide de sí mismo o de su sensación de ser, la consciencia no sería tolerable. Por lo tanto, no trate de lograr nada y solo sea en la autoconsciencia. Cualquier cosa que se haga para evitar la lucha solo lo alejará de la paz y del Sí mismo.

Para disipar la identidad corporal, el *Guru* le inicia como el Sí mismo. Cuando la universalidad del *jnana* se imbuye en nuestra experiencia, uno conoce el aspecto testimonial del *jnana*. Es entonces cuando se une con *Parabrahman*. Este es el estado de *vijnana* en el que la consciencia universal se adueña de la persona. Refúgiese a los pies del *Guru* y conozca la gran Realidad acerca de aquello que asumió la forma humana durante los nueve meses de embarazo.

88
Lo más importante es la consciencia

Lo que es visible sin existir realmente también desaparecerá. El origen de todo lo visible e invisible es nuestra sensación de ser, lo cual es de suma importancia. Este conocimiento es tan importante porque de la luz de este conocimiento nace el mundo que percibimos. En el sueño profundo está ausente el conocimiento o la sensación de que «existo», lo cual supone que la sensación de existir se desvanece durante el sueño profundo. Solo debe comprender aquello que hay detrás de lo que ilumina este conocimiento. Vuelva su atención completamente hacia eso y se dará cuenta de que no era consciente de su ser.

En ese estado, si bien los objetos no perecen, permanecen inactivos. Esta cognitividad es la semilla del universo manifestado que experimentamos. Aunque la semilla es diminuta, el árbol que brota de ella es colosal. Concéntrese en la percepción de ser, que permanece velada en el sueño profundo. *Avastha* es la palabra que designa los estados de la vida que no perduran, como, por ejemplo, vigilia, sueño y sueño profundo, lo cual quiere decir que el estado conocido como «nacimiento» solo es temporal.

Dado que somos conscientes de nuestra existencia, conocemos todos los objetos animados e inanimados. La consciencia misma es *brahmajnana* o el conocimiento del *Brahman*.

El que reconoce la consciencia inocente no experimenta muerte alguna. La infancia es *balakrishna*, o el periodo durante el cual nuestra sensación de ser apareció por vez primera y uno tuvo que cuidar del Krishna niño que es su propio yo. *Balakrishna* es la esencia de *sattva*. Uno se torna consciente de sí mismo y se crean *muchos* nombres nuevos para comunicarse. Debido a la consciencia, comienzan todas las actividades de la vida y, a la larga, se tornan imparables.

Lo que percibimos se transforma en asunto nuestro, siendo el sujeto original *Narayan*, el cual se debe a *Prakriti* y *Purusha*. *Narayan* es el principio de la vida o la causa principal de la mujer y el hombre.

Nuestra consciencia no es un atributo individual, sino que es la vida del mundo. Es *mulamaya* o una mota de esa gran Realidad. Es a causa del *sattva* de la comida consumida que ocurren todas las actividades. Esa mota es un átomo debido al cual hay conocimiento. El cuerpo de cualquier ser vivo es su alimento. La cualidad de esta mota es el recuerdo de que existimos. Su actividad indica *mulamaya*. Es debido a nuestra fe en la consciencia que nos ocupamos de ella. Pero nuestros deseos también se inician con la llegada de la consciencia, siendo el principal de ellos el de seguir con vida. Debemos saber que *sattva* es el origen de la consciencia.

Estas exigencias aparecen debido a la irrupción de nuestra sensación de ser. El conocedor de la consciencia no necesita nada, como tampoco se ve afectado por los cinco elementos. Todas las actividades que ocurren en torno a él no son sus actividades, sino que pertenecen a los cinco elementos, a las tres cualidades y a *Prakriti* y *Purusha*, los cuales son sus diez miembros.

89
Liberación significa
que no queda nada

Ofrecemos ahora alguna información sobre la consciencia que arriba a la emancipación final. El *nirvana* supone perder el último rastro de ignorancia. Por eso, cuando desaparece la ignorancia, el *jnana* alcanza el *nirvana*, un estado que está más allá de cualquier descripción. Es la dicha sin adulterar y sin paliativos, la felicidad no dual. No hay en él ninguna otra experiencia, excepto la experiencia de la no dualidad. Y esta es la descripción de lo que sucede en realidad.

El cuerpo solo sirve para comunicarse. El conocedor del estado de *nirvana* carece de toda utilidad para los cinco elementos que conforman el universo. *Vijnana*, el conocimiento último, no se ve afectado por los tres atributos que constituyen el mundo, ya que es el conocedor de esos tres atributos: *sattva*, *rajas* y *tamas*. En él, no hay experiencia alguna, ni siquiera de *sattvaguna*.

¿Cuándo sabemos que la cognitividad no es *jnana*? Eso ocurre cuando nos aliamos con el conocimiento del Sí mismo. El que conoce a *Prakriti* o la sustancia cósmica, sabe que está separado de ella.

En el reino del *Atman*, es posible describir muchas cosas.

Pero en *Paramatman* ni siquiera existe la sensación de ser. Liberación significa no dejar rastro alguno. Desde el punto de vista de *Paramatman*, la liberación y el cielo son lo mismo. No hay en ello distinción alguna como «yo» y «otros». Este es el beneficio derivado de ser un *jnani*. El *jnani* sabe que la consciencia, que está dotada de la cualidad de *sattva*, es universal, al igual que un adorno hecho de oro no es más que oro. La pepita de oro está completamente impregnada de oro. Solo hay manifestación y no hay individualidad. Dado que la consciencia o la cualidad de *sattva* contiene al mundo entero, esa es su característica inherente.

El que adopta completamente las palabras del *Guru* se convierte en uno con el universo. Algunos dicen ser *ashtanga yoguis* y afirman dominar el yoga de los ocho miembros, mientras que otros se autodenominan *jnana-chaitanya* o conocedores del *Brahman*, pero ninguno de ellos puede ser aceptado como un genuino *jnani*. En ausencia de autoconocimiento, no hay *moksha*. Es la ignorancia la que nos ha hecho ser lo que somos y debemos separarnos de ella para liberarnos.

El impostor asume la forma de la consciencia personal y funciona como si fuese un ego. Nadie sabe de qué modo este ladrón arriba a la existencia. Como *Parabrahman* no es consciente ni siquiera de su propia existencia, no había ninguna posibilidad de que conociera la llegada de este ladrón. Incluso la luz emitida por un millón de soles palidece en el campo de *Paramatman*.

El sueño profundo, donde usted ni siquiera es consciente de su propia existencia, es una pequeña muestra del estado de *Pa-*

ramatman. ¿Dónde existe la posibilidad de la menor experiencia? Los placeres y los dolores no lo perturban, ya que en *Paramatman* no hay experiencia, física ni mental, de ser. Aunque vigilia y sueño son experiencias en el campo de la consciencia y de las tres *gunas*, no son atributos del *jnani*.

Los cinco elementos, las tres cualidades, *Prakriti* y *Purusha*, los diez miembros, tampoco tienen forma física, al igual que los elementos, como, por ejemplo, fuego, aire y espacio. Debido a nuestra forma física, asumimos que somos el cuerpo. Y así comienza nuestro interminable problema de infelicidad. Adhiérase a las enseñanzas del *Guru* y amanecerá el conocimiento de la realidad.

90

El conocimiento de la consciencia es iluminación

La ciencia de la autorrealización es profunda y sutil, pero no incomprensible para quien se somete de manera fidedigna a la enseñanza de su Maestro. ¿Y cuál es esa enseñanza? Proclama que no somos el cuerpo, sino la pura consciencia. El conocimiento de que se es consciente de la existencia es el que otorga su divinidad a los dioses. Escuchando el consejo del Maestro, el devoto discípulo deposita toda su atención en la consciencia. El conocimiento del universo es ilimitado, pero lo primero que se experimenta es la propia consciencia o el conocimiento de la propia existencia. Adopte este conocimiento y medite en él, ya que es la fuente de las cosas dotadas de nombre y forma.

Todos los deseos de la persona que adopta este conocimiento se cumplen, lo cual significa que no tiene necesidad de bailar al son que marca su mente. Así como usted adoptó sin esfuerzo alguno el nombre que le asignaron sus padres, esa persona no codicia ningún placer y siempre permanece en la enseñanza del *Guru*. Las enseñanzas del *Guru* desatan el nudo llamado nacimiento, un nudo que se ve reforzado por la identificación errónea con el cuerpo y con su propio nombre.

Para romper este círculo vicioso, usted debe conducir la vida como un *jnani* y no como si fuese un cuerpo. Entonces el Sí mismo se autoconoce y usted cobra consciencia de esa Verdad. Hay muchas religiones en el mundo, pero morar en nuestra auténtica naturaleza es el genuino *svadharma* o el camino último espiritual. El mayor pecado del mundo actual es que todos se comportan como si fuesen el cuerpo.

Sin que seamos conscientes de ello, emanan los rayos del autoconocimiento y se difunden por doquier apareciendo como el mundo. Pero el que permanece en las enseñanzas del *Guru* ve claramente que su salvación final ocurre debido a su propia luz. No olvide que los acontecimientos acaecen de manera espontánea y que no intervenimos para nada en el funcionamiento del universo. Considere, por ejemplo, el fenómeno onírico. ¿Qué esfuerzo hace a favor del mundo que crea y presencia tranquilamente durante el sueño? Las cosas suceden de manera automática sin que en ello intervenga su voluntad. Despierte a su verdadera naturaleza y descubrirá que lo mismo ocurre durante el estado de vigilia. Entonces constatará que este mundo de vigilia también cuenta con una naturaleza onírica.

Chit significa consciencia, y eso es lo que somos. La consciencia aparece como *jiva*, el alma individual. Saber que la consciencia es omnipresente es conocer a *Brahman*.

91
La cognitividad precede al mundo

Esta es una descripción de *Parabrahman* y de su hogar. Cuando el *jnani*, que es también el *Sadguru*, le habla, sabe que usted es como él. No le preocupa que sea ignorante o que conozca su verdadera naturaleza. Cuando usted escucha cuidadosamente las instrucciones del *Guru*, sus palabras tienen un efecto positivo en su autoconocimiento, incluso si las escucha asumiendo la perspectiva de que usted es el cuerpo. Aunque sus palabras no sean claramente comprendidas, siguen surtiendo su efecto. Cuando se mastica la comida, disfruta temporalmente su aroma y sabor. La digestión que sigue nos pasa desapercibida y, sin embargo, aprovechamos el alimento que nos proporciona, aunque en ocasiones también sentimos los efectos adversos de la indigestión.

De la misma manera, el *jnana*, cuando es otorgado por el *Sadguru* y escuchado por el conocimiento, transforma al oyente ávido. Cuando hablamos como si fuésemos el cuerpo, sabemos muy bien que en realidad no lo somos. Puede que no sea visible, pero el Sí mismo interior que escucha, es divino, y seguramente se verá influido por estas charlas. Esto es algo que ocurre de forma gradual, silenciosa y sin que nos percatemos de ello. Debe alimentar el *jnana* latente que ya está presente dentro de usted. Alimentar significa dejarse impresionar por las palabras y descubrir la consciencia interior preservándola de nociones preconcebidas. Esto es lo que significa escuchar de la manera correcta y adorar de verdad. Este conocimiento está siempre disponible para nuestra mente. Escuchar atentamente las palabras del Maestro es una importante *sadhana* o práctica espiritual. *Shravana* o la escucha atenta disipa las influencias perjudiciales y las nubes oscuras de la ignorancia. La auténtica práctica consiste en preservar el conocimiento obtenido del *Guru* y en reflexionar acerca de su sabiduría.

Al filtrar la grava y la suciedad del agua, se obtiene agua clara y potable. Del mismo modo, filtrando el concepto de que somos un cuerpo y una mente y eliminando las impresiones incorrectas, emerge a la superficie el conocimiento siempre existente de que somos el Sí mismo. Aquello que es tangible y perceptible para los sentidos es la naturaleza, pero lo que llamamos divino, insondable y absoluto impregna nuestra consciencia. En la vida cotidiana, tanto los seres dotados de nombre y forma como el resto de los objetos son perecederos. Solo *Parabrahman*, que es anterior a toda existencia, es imperecedero. Pero, si bien eso es lo único que existe, no sentimos su presencia. Solo nos damos cuenta de ello debido a su creación.

Ese fenómeno, a causa del cual usted se halla aquí, es mudable y siempre cambiante. Pero la fuente en la que finalmente se funde –*Parabrahman*– es inmutable, inmodificable e inmaculada, como el agua que, aunque esté sucia, sigue siendo agua. Son muchas las cosas que aparecen en la consciencia y terminan desapareciendo. Lo que permanece es el Uno invisible. Lo que queda después de la muerte no tiene forma ni apariencia. Cuando se comprende claramente este hecho, disminuyen los efectos positivos y negativos del ego.

Usted pertenece a mi familia. Yo existo porque usted existe. Y no me refiero a la forma física. Solo entonces ocurre la claridad sin obstrucciones de la comprensión de la realidad. Los acontecimientos cotidianos suceden espontáneamente. No los considere obra suya. Cobre consciencia de lo que está escuchando aquí. No se preocupe de si ocurren buenas o malas acciones. Al igual que las nubes no afectan al sol, la aparición del mundo no tiene efecto alguno sobre *Parabrahman*. Cuando alguien muere, no perece completamente, sino que se absorbe en la manifestación infinita. El efecto de esta enseñanza exalta y purifica, sin siquiera percatarse de ello, su propio conocimiento de la realidad. Es este conocimiento el que le pasa completamente desapercibido, a pesar de esta enseñanza. Pero esta verdad nunca desaparece para usted, ni siquiera durante un instante. Antes de esta vida de ochenta y tres años de duración, no conocía el hambre ni la sed y tampoco utilizaba medicinas. Ahora ha aparecido esta enfermedad llamada cuerpo y, junto con ella, la necesidad de esas cosas. Esta experiencia es bastante novedosa. La enfermedad de la consciencia se manifiesta de repente, haciendo necesario este «hospital» llamado mundo. Sin embargo, se trata de una etapa provisional. Yo no estoy, ni estaré nunca, atado a esto. Sin tratar de conocer mi verdadera naturaleza, soy consciente de ella. Este malestar que ha aparecido ahora también es una ofrenda a *Brahman*. Aparte de eso, carece de todo valor o utilidad.

No he hecho demasiado, como, por ejemplo, practicar muchas horas de meditación. Cuando llegó el verdadero maestro, lo que creía que era yo se volvió de repente inconcebible.

92
El iluminado
lo atribuye todo a *Brahman*

El verdadero *Guru* es anterior a la aparición del mundo. En realidad, es el no manifestado y el siempre realizado al cual sirve *Ishwara* o el Dios personal que es concebido por nosotros. El *Guru* parece asumir forma humana y desarrolla su vida como una persona normal. Pero, de hecho, esta vida no tiene nada que ver con él. Esa es su comprensión, su creencia y su determinación. El *Guru* es Uno. El *Guru* interior y el *Guru* exterior no son distintos. Todas las acciones ocurren debido a la cognitividad que ha nacido igual que un niño. El iluminado atribuye todos los sucesos de la vida a *Brahman*, señalando que el mundo visible está situado en la apertura de *Brahman* o *brahmarandhra*. La «yo-soy-dad» en el *brahmarandhra* brilla como el mundo y en el mundo, estando en el cuerpo en el *brahmarandhra*. Esto ocurre de manera repetida e infinita. El que percibe que la consciencia suprema se encuentra en el *brahmarandhra*, no se ve afectado por el mundo. *Guru* significa *jnana*, es decir, aquello que transmite al mundo la confianza de la existencia. Esto es lo que recibe el nombre de *Parabrahman*.

93
Reconozca
esta inteligencia cósmica

No se puede conocer el verdadero significado del término *Guru*, porque la palabra «*Guru*» trasciende todas las descripciones del lenguaje. Después de todo, los *Vedas* y las escrituras sagradas son solo palabras. Cuando alguien las escucha con seriedad y se imbuye fidedignamente de ellas, producen en el oyente efectos positivos o negativos. El genuino significado de las palabras debe estar embebido en el propio *anubhava* o experiencia vital directa. Sin embargo, lo que sea el *Sadguru* no se presta a una explicación excesivamente racional. Nuestra consciencia, que es la que causa el presenciar y lo presenciado, termina desapareciendo a la postre. Eso es lo que se conoce como muerte. Al igual que durante el estado de vigilia, el mundo de los sueños se funde en la propia consciencia; durante la muerte, la consciencia también se funde con nuestro verdadero ser.

No hay conocimiento en ausencia de los distintos sentidos, como tacto, olfato, vista, gusto y audición. Estas facultades funcionan de tres maneras distintas, a saber, *rajas*, *tamas* y *sattva*. El *jnani* conoce perfectamente que la sensación de ser terminará desapareciendo y que nuestra consciencia también es transitoria. Un buen día se extingue, produciéndose el ocaso de la ignorancia.

El cuerpo nace y crece consumiendo grano, que, a su vez, crece como un vegetal, pero la consciencia del vegetal no tiene sensación individual de ser. El cuerpo es etiquetado con un nombre y luego, con esta identificación, se lleva a cabo el negocio de la vida. Pero la consciencia está más allá de esas ataduras. Debido a esto, se perpetúa el juego de *mulamaya* o ilusión primordial. La matriz de oro de esta ignorancia primordial es su sensación de ser. De él se origina la raíz de la existencia. Debe conocer este embrión del que nace su sensación de ser, y de ese modo reconocerá que no es más que *Parabrahman*. Su sensación de ser pertenece a todo el universo. No es su posesión personal. Sus deseos y apetencias le afectan tanto a usted como al mundo que le rodea, causando un sufrimiento infinito. Nadie nace de manera independiente. El mundo entero es necesario para que se produzca este juego. Debe olvidarse de que es una persona individual. Lo que existe es solo puro ser. Hablo de lo que no sé.

94
Swarupa
es nuestra verdadera naturaleza

Olvidar su propio *swarupa* o verdadera naturaleza es una invitación a la ilusión. Si recuerda y contempla su verdadera naturaleza, esto le llevará a establecerse en el Sí mismo. La certeza del Sí mismo consiste en asentarse de manera constante en la comprensión de su *swarupa*.

Este cuerpo es un mero objeto material, pero no nuestra verdadera naturaleza. El sabor de este objeto mundano, que está hecho del *sattva* de los cinco elementos, no es sino nuestra sensación de ser. De igual modo que no somos los objetos materiales, tampoco somos las cualidades de dichos objetos materiales. Nuestra auténtica naturaleza es independiente de nuestro cuerpo o de nuestra consciencia personal. De hecho, la totalidad de la manifestación depende de nuestro *swarupa*, el cual se conoce como la verdad, que, siendo atemporal y eterna, nunca se ha visto afectada por la gran disolución del pasado. Todo lo demás en este universo es *anitya* o transitorio y, por lo tanto, falso.

Los cinco elementos dependen para su existencia de nuestro *swarupa*. El conocedor de estos elementos es nuestra cognitividad. Pero la cognitividad no es nuestra verdadera naturaleza, ya que aparece y desaparece con los estados de vigilia y sueño, y, en consecuencia, también es transitoria. Además, esta cognitividad es sostenida por la presencia de *sattva* o la quintaesencia de la comida que consumimos, y de ahí que dependa de los cinco elementos. En el *swarupa* están ausentes las nociones de *mí* y *mío*. Es la realidad no manifestada y despojada del concepto de ser, desprovista de expresiones como *mí* y *mío* o del mundo exterior presenciado por *mí*. No olvide ni siquiera durante un instante esta comprensión acerca de su verdadera naturaleza eterna y permita que la consciencia de la verdad acerca de esta experiencia viva le acompañe en cada instante de su vida.

95
Encuentre en sí mismo
el consuelo supremo

Aquel que dice que no hay ni yo ni Dios trasciende el reino de la muerte. Esa persona también puede vivir de manera provisional en este *mrityulok* o tierra de los mortales. *Mrityulok* es el lugar donde el cuerpo humano nace y muere. Aquí, las experiencias de la vida son transitorias, porque dichas experiencias se basan en un cuerpo que tiene la sensación de existencia de un universo exterior. Pertenecen a la cognitividad o a la consciencia de ser.

Al igual que la fuerza del cuerpo mengua durante la vejez, la sensación de ser también termina desvaneciéndose. Lo que es visible y tangible ahora mismo, perecerá algún día sin dejar rastro. Aquello que sigue existiendo posteriormente es el Todo, que es la verdad eterna, mientras que lo que ahora está temporalmente con usted solo dispone de una existencia transitoria.

Quien disfruta ahora de este conocimiento acerca de cómo experimentamos nuestro ser no será alcanzado ni tocado por los conceptos erróneos de esclavitud o de irrealidad. Uno debe albergar total certeza en su interior.

La plenitud significa estar libre de todos los deseos. La ambición de alcanzar cualquier cosa no es más que un engaño. Usted debe reconocer, aquí y ahora, su naturaleza eterna. El auténtico *vairagya* o renuncia consiste en identificar aquello que no existe en realidad. El mundo exterior es accesible para usted, no le preste excesiva atención. Cuando su atención se desvía hacia su propio Sí mismo y usted conoce su causa, lo trasciende. Entonces se ve a sí mismo como no nacido.

Devoción significa
conocer nuestra verdadera naturaleza

Mi consejo es que no desarrolle ni alimente la sensación de que es el cuerpo. Lo que percibe que es usted y lo que percibe que es el mundo exterior son la misma cosa. Los cinco elementos gestionan las actividades mundanas. Usted no es estos elementos, sino la consciencia o la cualidad de dichos elementos. No escuche estas charlas asumiendo que es una persona dotada de un cuerpo. Las plantas que ve a su alrededor son, de hecho, nuestros ancestros. Cuando el *sattva* se ve aquejado por un desequilibrio, se utilizan medicinas extraídas de las plantas para remediar esa dolencia.

Veda significa palabras. Al captar incorrectamente estas palabras, los seres humanos se dedicaron a diversos rituales kármicos y se alejaron de su verdadera naturaleza. El sonido sin sonido, junto con nuestra sensación de ser, es lo que constituye el *Brahman*. Nuestra identidad no es la mente individual, sino la consciencia que conoce su existencia.

Cuando se estudia la sensación de ser a la luz de *jnana*, se percibe que la mente está separada de nuestra verdadera naturaleza. Adquirir este conocimiento conduce a una disposición de ánimo que lo abarca todo y en la que usted no puede saber si es una pequeña personalidad o un ser infinito omnipotente. Solo puede saber que en realidad usted es el Uno sin segundo y sin ningún concepto relativo a las dimensiones. Todas las acciones en el universo ocurren por sí solas. No se preocupe ni se implique en ellas como si fuese una persona. Una vez que conozca lo manifestado, no habrá necesidad de conocer lo no manifestado o el *Brahman* carente de atributos. En lo no manifestado, como en el sueño profundo, no hay palabras ni sensación de ser.

El verdadero significado de *Paramatma bhakti* o devoción a Dios consiste en conocer nuestra auténtica naturaleza. Este es el genuino *bhakti* no dual o *Advaita bhakti*. Lo no manifestado, carente de atributos, se torna consciente de lo que se ha manifestado, lo que resulta en la dualidad. Debe conocer aquello que se manifiesta o la sensación de ser que reside en usted. Cielo e infierno son conceptos erróneos. Puede incluso que algún día sea posible dividir el cielo, pero es imposible eliminar estas nociones incorrectas de los dualistas absurdos.

97

La consciencia es común a todos

Aquel cuya mente apunta a la fuente del «yo» se despreocupa de los placeres y sacrificios de la vida. Pero, para volver la mente hacia su fuente, es necesaria la gracia del *Guru*. Solo el que absorbe las instrucciones del *Guru* y las aplica al pie de la letra recibe la gracia del Maestro. Esa persona permanece libre de actividades, incluso aunque parezca que está involucrada en ellas. Nuestra verdadera naturaleza no tiene conocimiento del lugar y el tiempo de nuestro nacimiento o de ningún linaje. Al igual que un bebé, no tiene conocimiento de ser y solo cuando crece su madre le transmite conceptos como *mí* o *mío*. Cuando renuncie a las nociones incorrectas acerca de usted mismo, también se dará cuenta de la verdadera naturaleza de los demás.

98

Sea como su propio Sí mismo

El *Atman* o el Sí mismo es completo y está más allá de nacimiento y muerte. Nosotros somos Eso. Aquel que me cuidó y se
ocupó de mí cuando era un embrión y me alimentó durante la
etapa indefensa de mi infancia ignorante es mi *Atman*. Uno debe
actuar en la vida con el sentimiento y la fe de que el *Atman* es
nuestro Dios. Sin embargo, rara vez se adopta esta postura. Tan
solo adoro a aquel que me extrajo sano y salvo del vientre de mi
madre. Una vez que el Sí mismo es entendido de esta manera, la
persona se verá automáticamente cuidada, tal como fue cuidada
en el vientre materno.

Dios no es más que el conocimiento de nuestra existencia.
Adore únicamente a ese Dios. No crea en las ideas transitorias
de la mente. Sea el *Atman* ignorando el parloteo mental y viva
en la unidad. *Paramatman* dice que, para que se le revele su verdadera naturaleza, no debe seguir sus tendencias mentales. La
mente solo me define como un cuerpo, haciéndome creer que
nacimiento y muerte me pertenecen. Pero la realidad es muy dis-
tinta. Si fuese el dueño de nacimiento y muerte, tendría mi propia
experiencia personal de ello. Como no tengo esta experiencia, no
creo en ella. El que comprende esto se libera de la negatividad de
la mente. ¿Qué es la mente? No es más que un cúmulo de pensa-

mientos, los cuales prosiguen de manera perpetua, haciéndonos desperdiciar nuestro precioso tiempo durante la vida. Lo mejor es apartar los pensamientos sin acogerlos ni aceptarlos.

Tan solo otorgue valor al pensamiento que le dice que no es el cuerpo, sino el *Atman*, y rechace los que afirman lo contrario. Cuando su existencia está más allá de la mente, se unifica con el Sí mismo. Estar libre de los dictados de la mente le permite comprender su verdadera naturaleza. La ausencia de mente recibe el nombre de *sahaja avastha* o estado natural. No debe pronunciar la palabra «yo» porque, en ese caso, debe ir seguida de algún tipo de afirmación, como, por ejemplo, «yo soy esta persona». Evite el uso de la palabra «yo» y utilice en su lugar la palabra «nosotros». La mente puede reconocer el cuerpo, pero no el Sí mismo. El Sí mismo carece de dimensiones y, por lo tanto, no es ni grande ni pequeño. Dado que cree en su mente y se rinde a ella, usted afronta varios tipos de sufrimiento en todo momento. Debe distanciarse de la mente. Solo entonces sabrá que la noción de nacimiento es falsa.

Jnana es todo penetrante

El estado de vigilia, el sueño profundo y la sensación de ser se deben a las tres cualidades, a saber, *sattvaguna*, *rajoguna* y *tamoguna*. Estas cualidades pertenecen a quien ha nacido. Pero, en realidad, yo nunca he nacido. *Sattva* o la quintaesencia del alimento que comprende este complejo cuerpo-mente, y que está formado por los cinco elementos, es lo que propicia la emergencia de la noción de nacimiento y de cognitividad. Nuestro lugar, en este momento, es el *sattva*.

Al igual que la placa con el nombre que hay en la entrada de la casa no somos nosotros y la casa en sí tampoco somos nosotros, *sattva* no somos nosotros, sino que este no es más que la quintaesencia del alimento, que, a su vez, es el producto de los cinco elementos. En consecuencia, usted debe concluir que no puede ser *sattva*. Solo entonces sabrá que no ha nacido en absoluto.

Por otra parte, si se considera un organismo formado por cuerpo y mente, entonces se ve forzado a soportar el dolor del nacimiento y la muerte. El miedo a la muerte solo desaparece cuando se demuestra que el nacimiento es falso. La muerte no existe en la experiencia de nadie, sino que únicamente existe el miedo a la muerte, que está lleno de dolor. La tristeza es una experiencia, no deseada y no buscada, que se produce de manera repentina. El remedio para la tristeza consiste en sustituirla por algún tipo de felicidad. Por eso, el nacimiento o la vida no son más que la intensa actividad de *sattva* y de su incesante flujo.

Así como el niño crece espontáneamente, el *sattva* también funciona en el mundo por sí solo. Aunque se halle en estado de latencia, *jnana* penetra en todas direcciones. Este misterioso fenómeno de manifestación es un atributo espontáneo de la Consciencia suprema. Los cinco elementos que constituyen la manifestación también son consecuencia de este principio. No hay ningún creador o responsable de esto. El *jnani*, o el que conoce su naturaleza verdadera, comprende este hecho de manera directa.

100
El discernimiento
proporciona autoconocimiento

La paz eterna no es posible sin *Atmajnana* o conocimiento de uno mismo, el cual supone que tenemos la experiencia directa de nuestra propia naturaleza (*aparoksha anubhuti*). Para conocerla, debemos refugiarnos en los pies del *Guru*. Entonces, de la ignorancia surgirá la sabiduría, y de esta emergerá la discriminación que nos eleva al autoconocimiento final. Entonces el señor de la necedad se convierte en un sabio exaltado de suprema sabiduría.

Nuestra sensación de ser aparece sin que tengamos que recordarla. De hecho, si recordamos algo, lo olvidamos de nuevo. Pero, una vez que el Sí mismo nos conoce y se establece de manera firme nuestra fe en el *Atman*, eso es la iluminación, después de la cual la realización sucede por sí sola. Todo lo que uno debe hacer es consagrarse al *Guru*.

101

El *Atman* es anterior
a nuestra sensación de existir

El sonido espontáneo que escuchan los yoguis durante la meditación se denomina *anahata nada* o el sonido producido sin golpear. Cuando uno despierta del sueño profundo, antes de decir «estoy despierto» tiene lugar la consciencia de estar despierto. No hay en ello recuerdo alguno de la noción del cuerpo. Solo cuando ocurre el lenguaje, surge el concepto de «yo soy el cuerpo». La respiración también sucede, sin esfuerzo, por sí sola. Esto es un signo de la presencia de la mente, mientras que hablar es un fenómeno que ocurre al exhalar. Antes de decir «estoy despierto», acaece de manera espontánea la consciencia o la sensación de estar despierto. Medite en la presencia de esa naturaleza pura que ocurre espontáneamente. En realidad, ya es Aquel en el que usted trata de meditar, es decir, el Sí mismo. *Atman* es lo que es antes de que sepa que usted existe. El pensamiento de «yo existo» ocurre una vez que conoce su propio ser. Es difícil permanecer consigo mismo sin las palabras «yo soy». La vida solo es una acumulación de días. El nacimiento ocurre en el momento en que se empiezan a acumular dichos días y termina cuando concluye el último día con todos sus acontecimientos.

Donde no hay experiencia del tiempo, tampoco hay sensación de ser. Cuando no podemos dormir o somos incapaces de comer, recurrimos a las medicinas. Las medicinas prácticamente hacen funcionar la vida iniciada con el nacimiento. Los alimentos y las medicinas son muy similares. Nuestra cognitividad depende de esta aportación que le proporcionamos al cuerpo. Por su parte, la sensación de ser –la idea de que existimos– depende de la píldora de *sattva* que, a su vez, depende de los cinco elementos que constituyen el mundo. Las actividades se desarrollan en consonancia con nuestras explicaciones y creencias mentales. ¿Cómo podríamos entonces alabar o criticar el orden de las cosas? La causa principal de nuestro ser es *Ishwara*. Sabiendo esto, nos volvemos más atentos y nos centramos en lo inconcebible e inmaculado; es decir, el Absoluto.

102
No hay final,
sino tan solo crecimiento

Tras las lluvias, el agua depositada en los campos termina por secarse, pero su efecto es visible cuando observamos el crecimiento de los cultivos. De igual modo, el conocimiento adquirido a este respecto fluye hacia nuestra propia naturaleza real y contribuye a nuestra liberación final. Usted puede sentir que, si bien estas palabras se olvidan con el paso del tiempo, sin embargo, su efecto sigue aumentando en el fondo. El *swarupa* no puede ser realizado por la consciencia. Solo *Parabrahman*, que es consciente de todo, se percata de ello.

La experiencia del mundo que percibimos es experimentada, en realidad, por *Parabrahman*. El único instrumento de percepción de que dispone es la consciencia. Ese es, de hecho, su objetivo y el impulso que le impele a alcanzar dicha meta. Sin embargo, no mantiene ninguna conexión con su conocedor. El espacio da cabida a todas las actividades que ocurren, pero el conocedor permanece inafectado por ellas.

De la misma manera, el karma ocurre debido a *Parabrahman*, pero este no se ve afectado por dicho karma. *Parabrahman* no puede ser descrito con palabras o con el significado de estas.

Dado que no podemos captar algo sin recurrir a un nombre, el término *Parabrahman* está asociado con eso. Todos los comienzos ocurren y fluyen desde *Parabrahman* y, sin embargo, no queda rastro de nada. *Parabrahman* es como es, no se ve afectado por las modificaciones y no tiene preocupación alguna.

Cuando no había conocimiento de la existencia, tampoco había conocimiento del no ser. Este estado inmaculado y puro es el estado del *jnani*. Es el mismo estado que el del niño, ya que, si bien no es consciente de su ser, ve todas sus necesidades atendidas y satisfechas. El niño carece de deseos y aspiraciones, y lo mismo ocurre con el *jnani*. Las acciones del *jnani* ocurren de manera espontánea como resultado de su convicción de que es el Sí mismo. Aunque su sensación de ser está presente, no perdura.

Han transcurrido eones. ¿Existe ahora alguien de la historia del pasado? ¿Cuál es el estado actual de las personas que vivieron en esa época y lograron grandes cosas en su vida? El estado en el que se encuentran hoy es perfecto, puro e inmaculado. Ese estado, que es eterno, constituye nuestra verdadera naturaleza.

103

Contemple su verdadera naturaleza, que es *Parabrahman*

Observe que, desde que usted existe, se identifica con el cuerpo. Por otro lado, quizá no sea capaz de aceptar fácilmente este hecho, pero el *Brahman* no depende de su aceptación o de la ausencia de ella. Para el *jnani*, esto es diferente, dado que se identifica con *Parabrahman*. Para él, todo lo que hay en el interior y el exterior solo es una expresión del *Brahman* impersonal. En cambio, cuando usted indaga en su verdadera naturaleza, apenas logra ir más allá de considerarse un cuerpo.

Pero su identificación con el cuerpo no perdurará para siempre, porque esta creencia es falsa. Incluso si no capta de inmediato el conocimiento que está escuchando en este momento acerca de *Brahman*, no se desperdiciará, porque esta expresión del *Parabrahman* se refiere a su propia realidad. Los intereses individuales de cada persona se basan en la noción de identidad. Y, puesto que son irreales, ¿quién puede beneficiarse de esos intereses individuales? Por consiguiente, el principal interés es realizar [hacer real] nuestra auténtica naturaleza.

En primer lugar, debe conocer su genuina naturaleza. Se percatará entonces de que su cuerpo y todas las acciones dependen de la consciencia. Su verdadera naturaleza es no manifestada y sostiene la vida en su totalidad. No viva su vida asumiendo que es el cuerpo. Debe observar dentro de su verdadera naturaleza y encontrar a Dios en su interior. Se dice que imbuirse de estas palabras es como ver a Dios. Debe contemplar a Dios como su propio Sí mismo.

El cuerpo está formado por la quintaesencia del alimento, debido a lo cual existe el concepto de que uno es un individuo. Sin embargo, esa no es su verdadera naturaleza. *Prakriti* y *Purusha* son eternos y carecen de principio. Son invisibles y están más allá de cualquier color y descripción. Pero su funcionamiento es incesante, puesto que está presente el torrente de la manifestación. El conocedor de eso es *Purusha* y lo que puede verse es *Prakriti*. *Purusha* no puede existir sin *Prakriti*, y viceversa. Este juego de creación, mantenimiento y disolución solo es el juego de *Purusha* y *Prakriti*. Cuando realizamos nuestra verdadera naturaleza, el Vidente se torna igual a *Parabrahman*. Sabe que aquello que nace no es más que el juego de los cinco elementos y la consciencia. No hay en ello un «tú» o un «yo» que desempeñen un papel. El mundo nace desde que nacemos nosotros, pero el cuerpo no es nuestra naturaleza real. El morador interno dice «yo no soy el cuerpo», pero la sensación del «yo dentro de usted» es su verdadera naturaleza; considérela un indicio. Tenga presente que el sabor de la consciencia es el recuerdo de que «somos».

104
El experimentador
de la omnipresencia
es *Purusha*

Sattva es uno, pero comprende tres cualidades: *sattva*, *rajas* y *tamas*. El *sattva* puro es nuestra cognitividad o el conocimiento de que existimos. Las tres cualidades están confinadas dentro de *sattva* o el recuerdo de nuestra propia existencia. El recuerdo de que «somos» existe en *sattva* y está contenido en la forma del cuerpo. Pero esa «yo-soy-dad» que mora en nuestro interior, carece de forma. *Sattva* proporciona el conocimiento de ser, *rajoguna* induce la actividad y *tamoguna* reclama para sí la autoría de las acciones. Por supuesto, todas las actividades solo son imaginación. *Purusha* no es un individuo, sino que es el Único que impregna y experimenta todo cuanto existe, estando más allá de las tres cualidades.

Es tradicional otorgar un nombre a *Parabrahman*. Ningún reconocimiento o ninguna actividad, como rezar, por ejemplo, es posible en ausencia de un nombre. Por eso, cuando se pronuncia un determinado nombre, asentimos en señal de reconocimiento y comprensión. Pero ¿qué es lo que ha sido reconocido? Se reconoce que es imposible conocer la realidad. Estamos atrapados en la idea errónea de que somos el producto de las tres *gunas*; es decir, la suma total del cuerpo y la mente constituida y nutrida por los alimentos que ingerimos.

Sin embargo, el que escucha de manera fervorosa al *Sadguru* y entiende la verdad, no permanece atrapado en este tipo de conceptos erróneos, aun cuando aparezca como si fuese una persona. Nuestros padres son fundamentales para los sucesos de nuestra vida consciente, de los cuales nadie, salvo nosotros, es conocedor. Pero la consciencia no es el individuo, sino que es la quintaesencia de la comida que consumimos y que, a su vez, está constituida por los cinco elementos. Estos elementos se originan en *mulamaya*, dando lugar a *sattva*. Y *sattva*, por su parte, da lugar a la quintaesencia de la comida. Debemos comprender que nada de esto es nuestra verdadera naturaleza.

105
La consciencia amorosa
es Laxmi Raman

Debemos albergar la firme convicción de que no somos el cuerpo, sino aquello que no se ve afectado por lo que sucede a nuestro alrededor. Nuestras tendencias mentales crean diversas ideas. Hemos sido maldecidos con el conocimiento de que somos. Antes de alcanzar este conocimiento de nuestra existencia, no teníamos necesidad de nada. Nacer significa percibir el mundo exterior, mientras que la muerte implica la ausencia de esa percepción. Es como si se produjese un despertar ilusorio y, al igual que en el sueño, como si las experiencias careciesen de realidad. Cuando concluye el sueño, el objeto de la experiencia desparece en ese mismo instante. ¿Se puede encontrar a alguien que no alterne entre los estados de vigilia y de sueño?

En el juego de la vida, ¿qué considera que es usted? ¿En qué momento se iniciaron este despertar y este sueño? ¿Cómo es que han sucedido? Uno debe reflexionar muy seriamente en este asunto. Ni siquiera Dios puede ayudarme cuando estoy más allá de los estados de vigilia y sueño, ya que no hay necesidad de un «yo» en dicha condición. En consecuencia, la cognitividad es un estado de ignorancia y comienza nueve meses antes de que nazca el bebé. El mundo aparece a partir de la ignorancia. Después del nacimiento del niño, la cognitividad necesita un par de años más para madurar. Sin embargo, la percepción del mundo que se produce debido a nuestro nacimiento tocará a su fin algún día.

Nuestra consciencia no tiene forma ni nombre y está libre de ego. Es una experiencia que no perdura para siempre, pero ¿cómo puede morir algo si de entrada no tiene forma? Piense en ello y deshágase del miedo. Aunque no pertenecen al alma individual sino a *chaitanya*, ocurren miles de nacimientos. Cuando *chaitanya* recibe una forma, la llamamos *jiva* o alma. Por medio del discernimiento debemos comprender lo que somos y lo que no somos. Como no hay fin a nuestros deseos, para resolver este problema no piense en lo que quiere..., sino repare más bien en el que está detrás de ese querer, y los deseos disminuirán.

La consciencia que ha aparecido no indica mi presencia, sino la de mis padres, que fueron sus responsables. Yo existía antes de la llegada de esta consciencia y conocí a mis padres mucho después. Nos hallamos presentes incluso antes de esa comprensión. El recuerdo de los acontecimientos pasados es una cualidad de *Maya*. *Paramatman* carece de atributos, mientras que *Maya* es completamente irreal. Estas son meras palabras que conducen a más palabras pronunciadas por aquellos que no carecen de comprensión de su verdadera naturaleza. *Parabrahman* no es consciente de su propia existencia. Por consiguiente, ¿cómo puede ser verdadera la información que nos brinda acerca de *Maya y Brahman*?

Me di cuenta de que mi existencia rebosaba de alegría, y estoy comprometido con ella. Uno de los nombres del Señor es Laxmi Raman, que tiene el significado de disfrutador de la consciencia.

106

La fe consiste
en reconocer nuestra existencia

Guru Purnima es el día que cada año dedicamos al *Sadguru*. Se considera que es el día en que descubrimos la plenitud de nuestra propia naturaleza. Muchos hombres espirituales se visten de santos o sabios, pero ninguno de ellos puede vestirse de *Paramatman*, ya que, por definición, este carece de forma y atributos. Debemos saber que *Paramatman* ni siquiera tiene un cuerpo para ser vestido y tampoco necesita vestidura de ningún tipo. El *Sadguru* es el mismo Principio que *Paramatman*.

El *Sadguru* no es aprehendido por la consciencia, puesto que está más allá de lo conocido y lo cognoscible. Solo aquellos que tienen fe intensa en el *Sadguru* y reflexionan repetidamente sobre las palabras del Maestro cantando su mantra, cuyos corazones se iluminan debido a la identificación con el Principio infinito, son capaces de comprender al *Sadguru*. Pero ni siquiera ellos alcanzan a describir la verdadera naturaleza del *Guru*. ¿Puede un muñeco de sal tener éxito al intentar medir la profundidad del océano? ¿O debe permanecer por siempre separado del océano? En este mundo, las acciones que dependen del conocimiento perecerán, ya que están sometidas a un continuo cambio.

Gurubhakti o devoción al *Guru* no significa venerar a una persona dotada de un cuerpo humano. El verdadero *Guru* carece de forma y es inmaculado. El auténtico *Gurubhakti* significa establecerse en esta comprensión y dedicar la vida a la autorrealización. Usted debe creer firmemente en su propia consciencia, en cuya presencia se desvanecen todas las dudas.

Pregúntese cómo es posible que este elegante cuerpo humano, que no ha sido creado por usted, nazca a partir de una célula. Por supuesto, todo esto es una ocurrencia espontánea y usted debe hallarse en su raíz. Es *Maya* la que acepta fácilmente la ignorancia acerca del Sí mismo. El mundo es vasto, pero ¿cómo nos relacionamos con él? Sepa que el mundo se origina en su cognitividad. La consciencia se crea desde el momento en que usted *es* y es consciente de este hecho, lo cual no es otra cosa que amor hacia uno mismo. Todos adoramos este conocimiento que se manifiesta dentro de cada uno de nosotros. El hecho de considerar que eso es un individuo es lo que nos causa problemas. Adore su verdadera forma, el *Atman*, y sabrá que la paz y la felicidad últimas siempre han morado dentro de usted. Están disponibles de manera espontánea y no se requiere ningún esfuerzo para obtenerlas. El cuerpo humano es combustible para la pira funeraria. El fuego quemará su cuerpo hasta convertirlo en cenizas, pero nunca le dañará a usted. Solo cuando conocemos nuestra verdadera naturaleza, estamos en condiciones de negar la falsa manifestación que percibimos y de saber que estamos más allá de lo que vemos.

Nuestra visión depende de nuestra fe en la existencia. La

identificación de la consciencia con el cuerpo hace que el Sí mismo nos parezca impuro, aunque en realidad siempre es puro e inmaculado. Nuestra creencia o nuestra incredulidad en la consciencia se halla en perfecto orden. El Sí mismo siempre es puro y perfecto.

107
El mundo reside
en nuestra cognitividad

Los que discriminan entre el bien y el mal son los que menos sufren. Lo correcto es conocer el *Svadharma* o nuestra verdadera naturaleza. Conocer el propio *Atman* residente es *Swarupa dharma*. Conózcalo y se reducirá su sufrimiento. De hecho, el que conoce su *Atman* no se ve afectado por las miserias mundanas. Al igual que los rayos de luz se extienden en todas direcciones, la experiencia del mundo se expande por doquier debida a nuestra cognitividad. La consciencia que se manifiesta en cada forma de vida, desde la hormiga hasta el ser humano, es nuestra naturaleza más profunda. Los diferentes cuerpos parecen estar separados unos de otros, pero la consciencia pura nunca está dividida.

Al igual que el espacio infinito, la naturaleza de la consciencia universal es indivisible y no puede fragmentarse ni ser segregada en seres individuales. Cuando se agotan los nutrientes que sustentan nuestra vida, el *Atman* permanece latente, como el fuego apagado que no se extingue del todo. Así como la abeja extrae solo una gota de néctar de cada flor, el verdadero devoto del Señor Sri Hari únicamente bebe el *jnana* o esencia de esta enseñanza. Su atención está siempre depositada en la consciencia, con lo que se torna puro y no nacido y recibe la liberación. La consciencia se unifica con su atención, y esta nunca se aparta de su consciencia.

Se afirma que es importante cantar un mantra. Mientras canta, debe prestar atención a la fuente del conocimiento, con lo que poco más queda por hacer.

108
Su existencia es consciencia

Desde el punto de vista de *Parabrahman*, tanto el universo como todo lo que acaece en él son irreales. ¿Quién es entonces el que los considera reales? Solo aquel que está firmemente arraigado en la consciencia del cuerpo. Las necesidades que surgen debido a nuestros deseos y aspiraciones hacen que este mundo nos parezca real. Haga lo que haga, prosigue la vida mundana, pero es tan ilusoria como el hijo de una mujer estéril. Parece como si este mundo hubiera surgido del agua. Toda la vida primordial se creó en el agua. Incluso hasta el día de hoy, el agua sostiene la vida en la tierra. Las plantas y la vegetación solo existen cuando hay agua. Este *sattva* o la esencia del alimento producido es lo que torna posible la consciencia. Cuando el alimento se seca, desaparece la consciencia. El mundo está siempre acompañado por la consciencia. Podemos tener diferentes nombres, pero siempre somos consciencia. Cuando conocemos el *Brahman*, vemos que esta existencia mundana es temporal. Nuestra consciencia y el conocimiento de *Brahman* dependen de los cinco elementos. En consecuencia, todo eso es básicamente falso, así que no hay motivo para afligirse cuando lo que ya era falso también ahora resulta ser falso. No hay autoconsciencia en el sueño profundo. La autoconsciencia del estado de vigilia o del

estado onírico se convierte en causa de sufrimiento. De la autoconsciencia surge la falsedad de la vida de vigilia. Solo somos
los testigos de este extraño fenómeno y no nos experimentamos
como formando parte de él.

109
Nuestra consciencia es *Bhagavan*

¿Qué es lo que en la vida nos lleva a comportarnos como lo hacemos? No somos usted ni yo, sino que es la consciencia, que es ineludible y es la que verdaderamente actúa en este mundo. La consciencia aparece sin saberlo y es el néctar de los pies del Señor. Conocer la razón de esta consciencia es como beber dicho néctar. Una persona así se libera de la influencia de la mente. La consciencia se halla en la totalidad de la existencia, estando presente en cada ser vivo como el sentimiento «yo soy».

Nuestra capacidad para escribir o llevar a cabo cualquier actividad se debe a nuestro conocimiento de que «somos». Para entenderlo, tenemos que sacrificar la sensación de ser el individuo que incorrectamente consideramos que somos. El mundo y sus actividades existen dentro y fuera de nuestro conocimiento. Estas actividades suceden debido a los cinco elementos, las tres *gunas*, y *Prakriti* y *Purusha*, formando un conjunto de diez.

El genuino devoto del Señor es el que bebe el néctar de los pies del Señor. Para estar libre del concepto de la muerte, uno debe tener completo control sobre la mente. Hay cuatro tipos de discurso que se originan en los pies del Señor. ¿Con qué tipo de tinta podrías escribir las palabras «yo soy»? Esa es la tinta (*shayi*), en la que el Señor *Sheshashayi* (Vishnu) se apoya sobre la serpiente *Shesha*.

Cuando bebemos el néctar de los pies del Señor, advertimos la falsedad del parloteo vacío de nuestra mente. Esa es la victoria de nuestro *Atman*. A diferencia de los placeres experimentados a través de los sentidos, la dicha que sigue es independiente de cualquier fuente externa. Aquellos que anhelan la verdadera dicha del Sí mismo deben buscar la raíz de su existencia. El agua que brota de la fuente se eleva en el aire y luego vuelve a caer al suelo. Del mismo modo, nuestra consciencia retorna a su fuente cuando ya no soporta el drama de este mundo.

110

Dirija su atención
a lo que hay antes de los conceptos

¿Qué es lo que requieren nuestros órganos sensoriales? Necesitan de nuestra consciencia. La consciencia que antes era desconocida, ahora es conocida. Ha traído la autoconsciencia al cuerpo que la sostiene, siendo el resultado la aparición del universo. Los once órganos de los sentidos, es decir, los cinco órganos del conocimiento, los cinco de la acción, así como la mente, todos ellos funcionan en aras de la consciencia. Por eso, a medida que transcurren los días, sigue creciendo este amor por la existencia.

Esta consciencia o amor hacia uno mismo es como la forma del Señor Krishna, mientras que nuestras modificaciones mentales son las *gopis* o lecheras devotas de Krishna, quien es la consciencia en sí. Aquellas que contemplaron a Krishna se tornaron conscientes de Su gloria y se fundieron con él, lo cual implica que quedaron completamente absortas en la consciencia. Cuando el amor por Krishna se engrandece, uno pierde poco a poco el interés por los objetos sensoriales y se percata de la verdadera naturaleza de Krishna, que es el Sí mismo, convenciéndose de que su auténtica naturaleza no es sino Krishna.

Preste atención a aquello que es anterior a los conceptos. Lo que ve sin esfuerzo cuando los ojos están cerrados no es otra cosa que Krishna. Debido a su complexión oscura, se le conoce como *Ghanshyam* o *Savalaram*, que significa «el oscuro». Nada puede ocurrir en su ausencia. Krishna disfruta de todas las cosas y, sin embargo, se mantiene al margen de cualquier actividad. Él representa lo real y el llamado descanso. Si no se le ve, no hay visión alguna. Lo que ve usted con los ojos abiertos es el mundo. Pero, cuando permanecen cerrados, lo que contempla es Krishna. Esto equivale a ver al Krishna de tez oscura sin mirar realmente. Haga una pausa en ese mismo momento y fúndase en Él. La experiencia que recibe está basada en su convicción. Pero, una vez que lo percibe, esa visión prosigue a pesar de las perturbaciones externas.

En el alfabeto sánscrito, la palabra *Sri* es la primera y se considera la más sagrada. Por lo tanto, es un prefijo que se añade a todos los nombres sagrados como Sri Krishna. Él es visto como el autoconocimiento que es anterior a todo. Encuéntrelo en primer lugar antes de hacer cualquier cosa. El que continuamente escucha la gloria de la grandeza de Krishna cada vez lo ama más. A ese amante del Señor no le importan demasiado el honor o reconocimiento público, pues encuentra en Krishna la plenitud completa.

Krishna brilla en todo su esplendor en el interior de quienes lo contemplan como su propio Sí mismo. En ellos, el vidente se transforma en lo visto. Entonces termina la necesidad de consultar a ningún otro para alcanzar el conocimiento de uno mismo. Pero, hasta ese momento, siga las palabras de su *Guru* y fúndase en *Ghanshyam*, el de tez oscura. Contémplelo con los ojos cerrados.

111

Busque de manera consciente
la soledad

No queda rastro de ego o sensación de ser en la persona que conoce su naturaleza real. Esa persona constata su unidad con todos los seres vivos, móviles e inmóviles. Él o ella sabe que la consciencia es el sustrato. La naturaleza de este conocimiento o sensación de ser es tal que uno no puede aferrarse a él indefinidamente o renunciar a él cuando lo desee. En el momento en que desaparece la identificación con el cuerpo y los deseos, lo que queda es el conocimiento puro. El proceso de despertar del sueño profundo y de volver a él es espontáneo y no necesita ningún esfuerzo, ni físico ni intelectual. Al igual que la sensación de ser surge del Sí mismo, cuando esta cognitividad desaparece, sigue existiendo el *swarupa* o nuestra verdadera naturaleza.

Aun cuando la cognitividad lo contenga todo, sigue sin experimentar intrínsecamente ningún sentimiento de placer o dolor. Sin embargo, cuando asume el papel de una entidad o una persona viva consciente, experimenta placer y dolor. El que conoce su consciencia, no se identifica con la persona que se supone que es. Por otro lado, el conocedor de la consciencia está más allá de los sentimientos de placer y dolor. Ese conocedor es testigo de todo sin que ejerza ningún deseo o esfuerzo por su parte. Todo lo que podemos presenciar es transitorio permanece y se desvanece a su debido tiempo. Se le puede llamar *Sadguru* o aquel que no necesita esta cognitividad.

El conocedor de la cognitividad permanece desconocido para dicha cognitividad. En la cognitividad aparece el mundo junto con nuestro cuerpo. Y, con la experiencia del cuerpo, ocurren las experiencias de placer y dolor. El *jnani* no tiene la experiencia de entrar o salir del *samadhi*.

Su verdadera naturaleza no es consciente de sí misma. Se encuentra en el estado denominado *Vijnana*, que está más allá de todo. La cognitividad es el producto de la naturaleza de los cinco elementos, que recibe el nombre de *tirtha* o venerado. Esa puede ser la razón por la que nos dirigimos a nuestros padres como *tirtharupa*. Del mismo modo, al hermano del padre se le llama *tirtha swarupa*. Los nombres del Señor, Keshava y Vaman son sagrados y venerados. En ausencia de la germinación de los jugos alimenticios, prevalece el Absoluto que es totalmente libre y completo.

Purna o el Sí mismo que es completo carece de conocimiento de su propia existencia. Por consiguiente, el *brahmajnana* o el conocimiento de *Brahman* se ubica todavía en el reino de la ignorancia. Pero el conocedor lo conoce de manera indirecta. Ahora comprendo plenamente cómo llegué a ser y cómo soy en la actualidad, sin necesidad de ningún otro apoyo y sin que nadie más esté presente. Hasta que no se conoce una experiencia, no surge el deseo de adquirirla, pero en el momento en que llegamos a conocerla, aparece el deseo. Por consiguiente, la cognitividad es amada y deseada solo después de que se manifiesta. El mundo que vemos se debe a esta cognitividad. Para el *jnani*, su mundo no es más que su cognitividad.

Permanezca solamente con esta cognitividad. Comprenda que es omnipresente y no está confinado en el individuo que denomina «yo». Entonces la cognitividad dejará de estar limitada a «mí» y se convertirá en la Consciencia Universal: el Sí mismo omnipresente. La cognitividad limitada no permanecerá para siempre y se desvanecerá a la postre.

112
Om implica que usted se halla presente

Cuando cantamos un mantra como *Om Shiv*, nos percatamos de nuestra propia presencia. *Om* significa presencia. En maratí, la palabra *shiv* implica «tacto». Cuando nos damos cuenta de que no somos tocados por el cuerpo, es como matar al demonio conocido como *Shankasur*, el demonio de la duda. De igual modo, soplar la caracola del Señor Shiva supone anunciar la victoria. Este sonido santifica al universo. Esas dos palabras de autoconocimiento, que fluyen de los sabios, purifican y transforman a todo el que las escucha.

El eterno escéptico, que duda de «quién soy yo» es erradicado de manera permanente por el *Sadguru*. A partir de ese momento, este cuerpo será gobernando por el Señor, quien mata al demonio de la duda. El Sí mismo, o la consciencia, se manifiesta en nosotros como el estado de despertar que aparece como el mundo. Viva con esta convicción, porque en eso consiste el genuino despertar a la verdad. Entonces otras personas acudirán a adorar su nombre y forma como el Señor. Nadie necesita preguntar a otros acerca de lo que es la cognitividad. El *jnani* nunca depende de lo que aparezca en su cognitividad, la cual es la fuerza que dirige espontáneamente el universo y sustenta la vida en él. Esa es su misma naturaleza.

113

Dios es nuestra confianza de ser

Alabe a *Parabrahman* ofreciéndole su identidad. El que descubre a *Parabrahman* se transforma en *Parabrahman*. Conocer a Dios supone convertirse en Dios y abandonar completamente la noción de que uno es algo distinto. El verdadero buscador de *Parabrahman* entrega su identidad a Dios y se transforma, al contemplar su auténtica naturaleza, en lo mismo que Él. Desarrolle la certeza de ser el Sí mismo. Esa persona estará entonces más allá de recordar u olvidar el Sí mismo, abandonando todo lo demás.

Debido a la astucia de nuestra mente, visualizamos y experimentamos el sufrimiento o el nacimiento en este mundo. El cuerpo, el mundo exterior y la experiencia vital son meras apariencias que no existen en realidad. Lo que existe es nuestra verdadera naturaleza. Conozca y sienta al Uno dentro de usted. Él es aquel a quien deseamos conocer y suplicar la gracia. Su existencia se convierte en la suya, y viceversa. Cuando nos entregamos totalmente a Dios, lo conseguimos, porque esta es la mayor entrega que puede llevarse a cabo. Dios no es más que el conocimiento de nuestra auténtica existencia.

114
Se desvanece la diferencia
entre *saguna* y *nirguna*

He dejado de rezar al *saguna Brahman* o Dios con atributos, pero este método de adoración no está dispuesto a abandonarme. Lo más difícil en este mundo es encontrar al *Sadguru* y seguirlo. Me liberé cuando me fundí con las palabras del Maestro. Para el discípulo del *Guru*, no hay necesidad de ningún otro Dios. Una persona así no es descrita por las letras de su nombre, ni ella considera que sea el cuerpo.

Antes de abandonar el cuerpo, identifíquese con su Sí mismo. En ese caso, no experimentará la muerte. No confunda el mito del karma con el tema de la autorrealización. Por una vez, deposite su atención en el conocimiento de Sí mismo. Entonces desaparecerá la diferencia entre *saguna* y *nirguna* y alcanzará el propósito del nacimiento humano.

Aunque la experiencia del dolor no perdona a nadie, la paz interior del sabio permanece imperturbable. Los mayores logros y calificaciones mundanas no son más que ignorancia. No contamine el conocimiento del Sí mismo con los asuntos del cuerpo y la mente. La consciencia es ilimitada. ¿Cómo puede contener alguna medida de sufrimiento o felicidad? ¿Acaso el océano se llena o agota con el movimiento de las olas? El cuerpo solo es el alimento de la consciencia. Deposite toda su fe en el conocimiento del Sí mismo.

115
Establézcase,
mediante la práctica,
en el conocimiento del Sí mismo

El que responde a su nombre cuando lo llaman es Shiva, Señor del universo. Nuestra consciencia es la prueba de la existencia del Señor. Lo que se identifica y vive como el cuerpo es *jiva*, mientras que aquello que conoce su verdadera naturaleza como consciencia es Shiva. Pero ambos son uno y el mismo. La aparente diferencia se debe a la identificación con el cuerpo.

El mundo y Shiva no son distintos. Al practicar, usted se establece en este conocimiento y conoce su realidad. Ahora mismo, se identifica con el cuerpo y, por ese motivo, persiste el miedo a la muerte. La consciencia debe conocerse a sí misma en tanto que consciencia. Su consciencia es de la naturaleza de *Ishwara*, el Señor. El que comprende esto con convicción supera incluso a Brihaspati, el mítico *Guru* de los Cielos y el señor del Conocimiento. Se dice que una vez que se dona algo no se debe esperar que se nos devuelva. Done su identidad corporal al Señor Shiva y no vuelva a considerar que su cuerpo y su mente le pertenecen a usted. Entonces el Señor le conferirá el señorío de la identidad con el Sí mismo universal. Esa consciencia es algo que se torna natural para el iluminado. El discípulo que es devoto de su *Guru* no siente necesidad de más enseñanzas ni del consejo de otras personas. Su erudición acerca del conocimiento del Sí mismo fluye a partir de esa comprensión, aun cuando permanezca unido con el Absoluto.

116
Yoga significa
perder la sensación de ser

Cuando por la mañana se despierta del sueño, lo que ve sin necesidad de ojos es la imagen real de Dios. Contemplar esa imagen es el verdadero despertar, el cual hace que su viaje en el camino espiritual no acarree esfuerzo alguno y que le resulte tolerable el proceso de vivir en el mundo. Se trata de una comprensión que acaece sin la intervención del intelecto.

A pesar de los innumerables y devastadores desastres del pasado, lo no manifestado no se destruye y de ahí que sea nuestra genuina naturaleza. ¿Y en qué nos diferenciamos de ella? Nuestra verdadera naturaleza no es otra cosa que lo que el Maestro dice que somos.

La auténtica renuncia estriba en saber y afirmar que el cuerpo no es nuestra naturaleza real. El que comprende este hecho permanece siempre satisfecho. El azul profundo que se percibe cuando los ojos permanecen cerrados contiene todo el potencial de la existencia. Cuando se abren los ojos, el Señor deja paso a las cosas que vemos. Las cosas que percibimos en el mundo exterior solo son perceptibles cuando no vemos al Señor o cuando se olvida su presencia. Debe prestar atención a este hecho. En ese momento, pierde la visión de usted mismo, que es su verdadera naturaleza. En el momento en que se percate de cómo llega a perderse a usted mismo, el trabajo estará hecho.

El Absoluto es testigo de su consciencia, en la que se ve el mundo. El resultado es que lo visto no es verdadero, mientras que la Verdad nunca se ve. Se manifiesta a partir de la esencia de los cinco elementos. Esta sensación de ser empieza en el vientre materno y, por tanto, es el producto de los objetos materiales compuestos de los cinco elementos. En el *Parabrahman* no hay sensación de ser. El Yoga solo es posible cuando en la meditación se pierde la sensación de ser.

117. No quedan palabras

Sabio es aquel que, al escuchar las palabras de sabiduría del *Guru*, es capaz de desprenderse de su identidad corporal. Quien alcanza el autoconocimiento último cuenta con esta convicción inquebrantable. Ese es el estado más elevado, denominado *sahajavastha*, el estado natural. Lo que existe sin esfuerzo y eternamente es nuestra verdadera naturaleza. En ella, no hay inteligencia ni imaginación. Sabemos que el mundo de los sueños surge, prospera y se desvanece sin utilizar ninguna inteligencia ni imaginación.

El azul profundo que se ve con los ojos cerrados no es visto como tal, sino que es lo que uno contempla cuando no ve nada en realidad. Si arribamos a la convicción de que este *Ghanshyam* es nuestra naturaleza real, todas las palabras se tornan tranquilas y pacíficas.

Nuestra consciencia, que consideramos individual, es de hecho una expresión del *Brahman*. Es como ese fondo azul o negro profundo que contemplamos con los ojos cerrados.

Cuando aparece, es difícil soportar esta nueva consciencia, ya que su fundamento es la ignorancia, la cual detesta el conocimiento. El mundo está lleno de conceptos que se desvanecen durante el *samadhi*.

118

Nuestra naturaleza dice
que nada es nuestro

Sat-chit-ananda o existencia-consciencia-dicha es una condición estable y no transitoria. Cuando despierta, emerge la sensación de ser y acaecen las acciones que identifica con su cuerpo. Pero, si bien el *jnani* se percata de su existencia, no hay en su caso identificación alguna. Para él, se trata simplemente de la consciencia-dicha, mientras que el mundo se reduce a la experiencia de la existencia. La verdadera felicidad estriba en ser uno mismo. Lo que atestigua el cuerpo es nuestra naturaleza real. Nuestra consciencia contiene el conocimiento secreto que concibe el bien y el mal. Su destino –el mítico *Chitragupta*– es escrito por la sensación de ser. El futuro carece de sentido para el iluminado, puesto que en su caso todo se halla en perfecto orden y nada puede salir mal.

Bhagavan dice: «Resido sin esfuerzo en el estado de *sat-chit-ananda*». El conocedor percibe el universo como parte de su visión. Ni el acto de ver ni los objetos vistos son el conocedor; el conocedor es la consciencia-testigo, el Vidente. La apariencia de la consciencia, denominada *Jagajethi* o *Jagadethi*, se origina en el Sí mismo. *Jaga* es el mundo y *dethi* implica el tallo. Al igual que la fruta cuelga de la rama del árbol por mediación del tallo, de manera similar el mundo pende de nuestra consciencia.

No se identifique usted mismo ni identifique sus pertenencias con el contenido de la consciencia. En la consciencia, hay suavidad o relajación, en la cual se desvanecen tanto nuestras acciones como el actor imaginado. Aunque se produjo una aniquilación total durante la gran disolución del universo, yo permanecí indemne. Nuestra verdadera naturaleza no permite ningún nombre ni forma. Cuando ocurre con plena convicción la percatación de «yo soy *Brahman*», nos unificamos con el mundo. Sin embargo, mi verdadera naturaleza está más allá de cualquier idea. Para mí, incluso la idea de que «yo soy *Brahman*» es un concepto.

El genuino desapego consiste en percibir la falsedad de todas las cosas. Cuando decimos que algo no es nuestro, todavía hay alguien que reclama ser dueño de este desapego.

119

La consciencia
es el fundamento de todo

El que adopta las enseñanzas de un maestro espiritual no se ve afectado por los karmas o las situaciones limitadoras que generan esclavitud y sufrimiento. Esa persona solo se relaciona con la consciencia. Como los karmas se ubican en el reino de las tres cualidades –*satvaguna*, *rajoguna* y *tamoguna*–, de hecho, no estamos limitados por ellas. No somos *sattva* ni los acontecimientos que ocurren debido a él. Nuestra visión y nuestro objetivo es *jnana* y, por lo tanto, lo que es percibido por nosotros, en todas direcciones, debe revelarnos que no somos nada más que la consciencia que lo testifica todo.

Si se vierte una jarra de agua en el océano, se convierte en el océano. No necesita atravesar la longitud y la anchura del mar para transformarse en eso. De igual modo, aunque el *jnani* aparezca físicamente ante usted, es omnipresente y no tiene que desplazarse. Dondequiera que esté, es el propio *Parabrahman*. La testificación ocurre mientras existe la sensación de hallarse en el complejo cuerpo-mente. Cuando la cognición desaparece con la muerte o durante el sueño, no hay ni testigo ni acto de testificación alguno. Puede haber infinitas apariencias en la existencia manifestada, pero no son útiles para el conocedor de la Verdad. El *Parabrahman* carece de deseos. En la ausencia de consciencia, no hay posibilidad alguna de nombre o forma.

Una vez que se inculca en nosotros este conocimiento, florece gradualmente a medida que continuamos estabilizándonos en esta Verdad. Al igual que un mango verde madura con el paso del tiempo, la transformación de la ignorancia en autoconocimiento se produce de manera paciente y continua. La confianza permite eliminar las impurezas de la consciencia.

Cuando buscamos decididamente su origen, desaparece la causa que ha traído consigo los conceptos de nacimiento y de individualidad. ¿Qué es lo que nos ha llevado a iniciar esta investigación acerca del Sí mismo? Es la cognitividad que reside en la raíz de todo lo que ocurre. Para el que indaga acerca de su origen, esta causa raíz es visible en distintas apariencias y en una variedad de formas. Pero, a la postre, se desvanece, junto con el testimonio, de manera espontánea. Si estabiliza la convicción de su verdadera naturaleza, se elimina también la sensación de existencia o su sensación de ser sin dejar rastro alguno. El que carece de impresiones es *Parabrahman*. La impresión de la existencia pertenece a la ignorancia primordial, *mulamaya*, la cual encandila a la persona, mientras vive, con el señuelo de la felicidad.

120
Clarifique todas las dudas acerca de la consciencia

Entre las numerosas personas que escuchan estas charlas, solo unas cuantas desarrollarán fe en lo que estoy diciendo. El *Guru* tiene conocimiento completo del Sí mismo. Los oyentes inteligentes de estas exposiciones son los verdaderos devotos de *Bhagavan*. El discípulo que pone en práctica el *Advaita-bhakti* o devoción no dual por el *Guru* está seguro de que, recapacitando en lo que enseña el Maestro, llegará a conocerse. Su consciencia es su verdadero *Guru*, Dios y también su auténtica naturaleza (Sí mismo). Debe meditar en esta trinidad como una misma cosa, porque es esto lo que otorga el conocimiento del Sí mismo.

Son muchos los que han nacido y han muerto, pero el Sí mismo permanece inalterable. No existe causa alguna para la manifestación en virtud de la cual existimos. El que lo entiende considera la ausencia de causa como la gran causa. De hecho, esta manifestación se lleva a cabo sin ninguna razón justificable. Para llegar a comprender esta verdad, usted debe conocer su consciencia. La práctica espiritual consiste en investigar su sensación de ser y borrar las dudas anteriores. Entonces el conocimiento de la consciencia aparece, albergando fe interior hacia su propio Sí mismo, sin que usted se percate de ello. No es algo que se pueda cultivar, por lo que llega sin ser invitado. Es el Señor Vishnu que habita en el interior de nuestro propio ser.

121

El oyente forma parte
de la naturaleza del *Sadguru*

Nuestra existencia y la de Dios son la misma existencia. No escuche tan solo en beneficio de su supervivencia o de su bienestar. Usted considera que su cuerpo es su fiel servidor, pero no es así. Este cuerpo es perecedero. El auténtico oyente permanece unido a la consciencia del *Sadguru*. Su existencia aparece desde la nada, antes de que usted nazca, y también termina en la nada. Pero usted está más allá de ambas.

La necesidad de un Dios personal tiene que ver con sus actividades cotidianas, pero no con el objetivo final de la vida. Su verdadera existencia no se ajusta a los mandamientos de los *shastras* o escrituras. Al meditar, renuncie a los conceptos de nombre y forma, aunque, por supuesto, seguirá utilizando el cuerpo para llevar una vida normal en la tierra.

122
Desarrolle una profunda convicción

No debe olvidar que es *Parabrahman*, ya que la memoria de su existencia se debe a *Parabrahman*. Con profunda convicción, su consciencia conoce su significado y su fuente. El fundamento del cuerpo es simplemente el concepto de que es un cuerpo. Cuando se niega o abandona este concepto, lo que resta es *Parabrahman*.

123

La fe débil depende del cuerpo

La palabra «dulzura» cobra sentido cuando nos referimos el Océano de Leche.[*] La esclavitud, que surge a causa de la identificación con el cuerpo, debe desaparecer por sí sola. La fe en la propia existencia es eterna y se crea a sí misma. Esta consciencia de la propia existencia es independiente de los cinco elementos que constituyen el mundo. La mente afronta millones de modificaciones, pero la consciencia o la fe permanecen inalteradas, firmes y completas. El conocedor de la mente tiene éxito en todas sus actividades.

El que piensa que la consciencia solo perdurará mientras haya un cuerpo posee una fe enfermiza y débil. No se implique en los asuntos que lleva a cabo, olvidando su unidad con el Sí mismo. La luz de la luna llena de la consciencia del Sí mismo provoca una

---

[*]   El Océano de Leche es uno de los mitos fundamentales del hinduismo. En el principio de los tiempos, *devas* (dioses) y *asuras* (demonios) contendían entre sí por el dominio del mundo. Debilitados y casi vencidos, los *devas* solicitaron la ayuda de Vishnu, quien les propuso que unieran sus fuerzas a las de los *asuras* con el objeto de extraer, batiendo sus aguas, la *amrita* (néctar de la inmortalidad) del Océano de Leche océano de leche, que es uno de los siete océanos con los que cuenta este planeta. Tras miles de años de esfuerzos, el batido produjo un variado número de objetos extraordinarios y de seres prodigiosos. (*N. del T.*)

marea en el océano de mi beatitud y paz interior, dado que perte-
nezco a la familia de la consciencia eterna. Nunca se puede dañar
esta fe. La consciencia que tenemos junto con la «yo-soy-dad»
solo se limita al cuerpo, de la cabeza a los pies. Pero la consciencia pura o la fe de ser son anteriores a este cuerpo. Solo eso danza
en su corazón como su cognitividad durante toda la eternidad.
El que conoce esta consciencia eterna o alberga la confianza de
ser su verdadera naturaleza está siempre inmerso en el océano
de la felicidad. Incluso antes de que usted probase la existencia
en forma de su cuerpo y su mente cuando era un bebé, ya había
disfrutado de la dicha de ser esa consciencia pura en la luz del Sí
mismo. Esa es la forma original de Dios. Esta pequeña existencia
divina se convierte entonces en *Mahadeva* o el Gran Señor.

124

La agitación
se apaga a lo largo de la vida

En este sendero de autoconocimiento, a medida que uno sigue recibiendo claridad y tranquilidad crecientes en la cognición de su verdadera naturaleza, disminuye la excitación y la implicación en los asuntos mundanos. ¿Qué sucede finalmente? Ocurre que desaparece el deseo de permanecer en este cuerpo. Nadie sabe si la identidad corporal existía durante el nacimiento; probablemente no. Del mismo modo, cuando llegue el momento de abandonar el cuerpo, su forma será olvidada. Por supuesto, esto solo sucede si se reflexiona de manera constante en las enseñanzas del *Guru*.

125
La consciencia del Sí mismo
es ininterrumpida
e imperecedera

No acepto a nadie ni le concedo mi atención sin estar convencido de su devoción y amor. Solo cuando me intereso por una persona, esta se convierte en un genuino aspirante. La auténtica convicción de la existencia es imperecedera, pero se divide cuando se asocia con el complejo cuerpo-mente. Esta convicción supone contemplar a *Ishwara* sin verlo deliberadamente. El ser que es experimentado por usted es la experiencia de Dios. Conozca esto como un hecho. Su *Atman* lo alimenta y protege de continuo. Debe creer que su misma experiencia es la de *Parabrahman*. Tanto la experiencia como el experimentador son Él.

126

La consciencia liberada es independiente del dolor y el placer

El Sí mismo carece de atracciones y rechazos. Mientras haya no dualidad debido al *sattva*, tampoco habrá sufrimiento ni felicidad, al igual que las olas del océano chocan ferozmente entre sí sin experimentar dolor alguno, porque todas ellas son la misma agua del océano. Cuando no hay sentimiento de alteridad, ¿cuál puede ser la experiencia resultante? *Maya* es aquello que no permanece con nosotros para siempre.

Al igual que el mundo de la vigilia, el sueño profundo y el estado onírico son provisionales, la fuerza del ignorante también está limitada por el tiempo. Cuando se produjo la agitación de la vida, se requería un sustento que fue proporcionado por el concepto de un Dios personal, y así fue como se crearon los dioses. Vemos el mundo a causa de nuestro estado de vigilia. Del mismo modo, la sensación de ser conlleva de manera concomitante el ego y la apariencia del mundo. El nacimiento de la dualidad crea contextos inagotables de visiones. Cuando la consciencia se libera de este cuerpo, desaparece la experiencia del placer y del dolor. Entonces tampoco hay posibilidad de presenciar nada. Ese estado es *Paramatman*.

127
A nadie le sirven los demás

La verdadera práctica espiritual estriba en encontrar el significado de *sattva*. El *sattva* se encuentra en los alimentos que consumimos. Sin embargo, nuestra esencia es la Consciencia Suprema. El propósito de la comida es sostener el cuerpo y nutrirlo. Todas las cualidades positivas que encontramos son consecuencia de *sattva*.

La naturaleza cultiva de manera activa el fenómeno del nacimiento y la muerte en este planeta. Desde una diminuta hormiga hasta la forma de vida más compleja, todos los seres nacen y terminan muriendo. Los relatos míticos sobre el ascenso al cielo y descenso al infierno son meros productos de la imaginación. Lo que se produce en la tierra perecerá en la tierra. Más allá de ella no hay lugar para las criaturas que aquí se crean. Todas las historias que se escuchan acerca de la vida después de la muerte son ficticias.

Nuestra sensación de ser o *atmayoga* es el resultado de la unión de nuestros padres. Incluso el *jnani* requiere alimento para proseguir su existencia con una forma física. Por lo tanto, al identificarse con *sattva*, siente su presencia en todas las formas.

Todos los acontecimientos son espontáneos y no requieren de la intervención de los seres humanos. De hecho, nadie puede interferir en el orden de las cosas. ¿Puede el fuego resistirse a encenderse antes de ser encendido? ¡No! Puede resistirse después de ser encendido. Las actividades que ocurren en la tierra son, todas ellas, obra de *sattva*. Un ídolo al que se adora se santifica en virtud del mito que lo rodea: como el ídolo del Señor Rama es adorado por quienes han leído el *Ramayana*. Así es como el significado del ídolo cobra sentido. Pero, en Eso, no hay ninguna diferencia entre un ídolo de culto y el encendedor que sostengo en mi mano.

Cuando se agota la esencia que produce y sostiene la forma de vida, concluye la historia de esta. La espiritualidad proporciona un estado de saciedad permanente en el que no quedan deseos. El sentimiento de querer algo es absurdo. Nadie necesita nada de nadie. Ese es el fin último de la espiritualidad. Los tres atributos de *sattva*, *rajas* y *tamas* personifican al ser humano... y cada cosa que ocurre se debe a estas tres cualidades. Todo lo que observamos en todas las religiones no es más que entretenimiento y conflicto mental. Aquello que es definido como *sattva* en un lugar es llamado Gran Realidad en otro, y, en un tercer lugar, es considerado una absoluta majadería. Solo la fe inquebrantable aporta plenitud.

128
El conocedor del cuerpo
es el Sí mismo

Para el que conoce, el cielo está contenido en su verdadera naturaleza. *Avyaya* significa lo que nunca se desgasta ni agota. La unidad en la que se sumerge el Sí mismo o el autoconocimiento se denomina *vijnana*, mientras que el conocedor de la ignorancia –*jnana* y *vijnana*– es el *jnani*. El testigo del cuerpo es la verdadera naturaleza de este. Las enseñanzas del *Sadguru* deben convertirse en su misma identidad y en su forma de vida. Al permanecer en esa verdad, se transformará en la verdad misma y conocerá lo que es *jnana* y *vijnana*. Cuando se establece y realiza el Sí mismo, lo que queda es *vijnana*. Para el que ha conocido su verdadera naturaleza, su presencia en la tierra es suficiente y todas sus funciones ocurren por voluntad divina.